园林技术-风景园林中本贯通专业课程思政教学指南

主　　编　刘铁柱
副 主 编　喻维佳
参编人员　马　波　李双全　魏万亮　翟晓宇
　　　　　谢圣韵　陈奕霖　周琪琦　金侯定

上海大学出版社
·上海·

图书在版编目(CIP)数据

园林技术：风景园林中本贯通专业课程思政教学指南 / 刘铁柱主编；喻维佳副主编. —上海：上海大学出版社,2022.12
 ISBN 978-7-5671-4666-2

Ⅰ.①园… Ⅱ.①刘… ②喻… Ⅲ.①高等学校-思想政治教育-教学研究-中国Ⅳ.①G641

中国版本图书馆CIP数据核字(2022)第252818号

责任编辑　王悦生
封面设计　柯国富
技术编辑　金　鑫　钱宇坤

园林技术-风景园林中本贯通专业课程思政教学指南

主　编　刘铁柱　副主编　喻维佳
上海大学出版社出版发行
(上海市上大路99号　邮政编码200444)
(https://www.shupress.cn　发行热线 021-66135112)
出版人　戴骏豪

*

南京展望文化发展有限公司排版
句容市排印厂印刷　各地新华书店经销
开本 787 mm×1092 mm　1/16　印张 10.5　插页 3 页　字数 188 千
2023年1月第1版　2023年1月第1次印刷
ISBN 978-7-5671-4666-2/G·3487　定价　58.00元

版权所有　侵权必究
如发现本书有印装质量问题请与印刷厂质量科联系
联系电话：0511-87871135

本书编委会

主　　任　林明晖
副 主 任　程　群
成　　员　曹　杨　李法云　贺　坤　裘　江
　　　　　　曹　枫　华　莹　邓旭萍　姜文琪
主　　编　刘铁柱
副 主 编　喻维佳
参编人员　马　波　李双全　魏万亮　翟晓宇
　　　　　　谢圣韵　陈奕霖　周琪琦　金侯定

Foreword / 前 言

习近平总书记在全国高校思想政治工作会议上强调,要用好课堂教学这个主渠道,各类课程都要与思想政治理论课同向同行,形成协同效应。课程思政是新时代党对加强学校思想政治工作的新理念、新要求,它以构建全员、全程、全课程育人格局的形式,将各类课程与思想政治理论课同向同行,形成协同效应,把"立德树人"作为教育的根本任务的一种综合教育理念。

如何开展好专业课程思政?要恰到好处,要润物无声,要自然而然,不为思政而思政,不把专业课上成思政课,……一段时间以来,如何实施课程思政课堂设计与教学的问题困扰着很多专业课教师。

党的十八大以来,上海市城市建设工程学校(上海市园林学校)非常重视思想政治和意识形态工作。在认真学习领会贯彻党的十八大、十九大、二十大精神的基础上,学校以习近平新时代中国特色社会主义思想为指导,坚持党对教育事业的全面领导,全面贯彻党的教育方针,坚持马克思主义指导地位,坚持社会主义办学方向,以理想信念教育为核心,以培育和践行社会主义核心价值观为主线,弘扬工匠精神,厚植技能报国情怀,培养德智体美劳全面发展的社会主义建设者和接班人,以此为指导思想,提出了学校加强和改进新时代思想政治工作的实施意见。学校进一步深化"思政教育一体化"建设,打造"全过程、全方位"育人体系,着力推动课程思政教学改革,深挖各类课程与教学方式中蕴含的思政教学资源,在专业课程中讲好"四史"、上海城市精神与城市品格、行业和学校文化历史,大力弘扬劳模精神、劳动精神、工匠精神,构建全面覆盖、类型丰富、层次递进、相互支撑的课程思政体系。

在这个指导思想之下,园林专业成立了以专业教师为主体,融合支部党员、德育思政教师、校内外专家等各方力量参与指导和研讨的课程思政教学团队,选取了园林技术-风景园林中本贯通专业的13门专业课程,编写了这本《园林技术-风景园林中本贯通专业课程思政教学指南》(以下简称《指南》)。作为一本园林专业教师课程思政教学设计和案例指南的参考书。本书旨在达到以下目的：

一、树立专业课教师课程思政思想意识，构建专业课教师课程思政思维

（一）深刻认识课程思政的必要性。课程思政具有重要的育人功能，能影响学生的政治立场、价值取向和思想观念。因此，专业课程教师在传授专业知识的同时，必须承担一部分思想政治教育工作。

（二）正确理解课程思政的重要性。课程思政要以专业课程作为依托，以专业课程内容体系作为主线，以专业课程教师作为主导，在对学生进行专业知识教学过程中，有机融入思政因素，对学生进行思想政治教育，提升专业课程内涵，丰富教学内容，增强专业教学效能，把专业课堂打造成为思想政治教育的重要阵地。同时，进一步促进教师对专业知识内容的深层次理解，提高专业课教师的综合素养。

二、深挖园林专业课程思政因素，突破课程思政教学过程设计难关

（一）挖掘园林专业课程蕴含的思政因素。通过分析教材、深入研究，既要走入课程教材"近观"，同时更要跳出课程教材"远望"，立足于专业课之上审视专业课，将蕴含于专业课中的思政因素发掘出来，建立起专业课程思政素材库。根据不同的专业课特点，将所蕴含的思政因素挖掘、整理、归纳，并科学合理自然地融入专业课教学环节中。

（二）突破课程思政教学过程设计难关。认真设计教学过程，采用适当的融合方式，将思政因素融入园林专业课教学过程。深入研究各知识点与思政因素间的内在联系，厘清它们的关系，找准两者间的"内在契合点"，而后依照专业知识内容逻辑体系，以专业知识为依托，注入思政因素，以无缝衔接方式，建立起"专业知识—思政因素"相互交融的统一体。

关于如何挖掘课程中的思政元素，开展课程思政教育，《指南》尝试运用"一依据三结合"模型。

"一依据"，即依据课程所归属或服务的学科和专业进行挖掘。结合课程所归属和服务的园林学科与专业的形成背景、发展历程、现实状况和未来趋势，特别是所涉及的重大工程和科学技术发展成果，科学家或模范人物事迹，学科专业原理、观点以及与之相关的生活实践、教学实践、科技实践等，挖掘其中所蕴含的使命感、责任感、爱国精神、奋斗精神、开拓创新精神等思想政治教育元素，并使之内化为学生的精神追求、外化为学生的自觉行动。

"三结合":一是结合学生未来所从事工作的职业素养要求进行挖掘。例如,"园林工程材料识别与应用"课程思政教学设计,在完成"综合庭院工程中的材料大类分析与调查"中,通过精准识读施工图纸,掌握园林工作的严谨性和规范性,逐步培养学生形成爱岗敬业、精益求精的核心价值观和职业道德。又如,"园林植物病虫害防治"课程思政教学设计在"植物病害综合防治"知识模块单元,通过重点介绍推荐病害的绿色防控技术,促进园林可持续发展,实现人与自然和谐共生,培养学生的绿色生态思维。二是结合中国特色社会主义的伟大实践进行挖掘。例如,"植物识别"课程思政教学设计在"园林花卉识别"知识模块单元,通过介绍5G智慧温室大棚技术,强调科技创新、绿色发展理念,引导学生增强创新精神、创业意识,提升学生科学素养和生态文明意识,实践"创新是引领发展的第一动力,是建设现代化经济体系的战略支撑"的党的十九大报告精神。又如,"设计初步"课程思政教学设计在"色彩构成"知识模块单元,运用央视网《联播+》推出"色彩"海报,描绘出一幅幅绿水青山、碧海蓝天、冰晶雪白、山水林田湖草和谐统一的优美画卷,在展示色彩构成的规律中,感受多彩中国之美,感受绿色中国生态之美。三是结合国际国内时事进行挖掘。例如,"植物识别"课程思政教学设计在"园林树木裸子植物"知识模块单元,宣传习近平总书记在联合国生物多样性峰会上强调的"保护生物多样性有助于维护地球家园,促进人类可持续发展"的重要讲话精神。通过观看《影响世界的中国植物》,介绍我国湖北发现的"活化石"水杉、广西发现的"植物熊猫"银杉等,体会中国植物种类对全世界影响,激发学生的民族自信心和家国情怀。通过介绍《国家重点保护野生植物名录》,引导学生以专业的眼光思考珍惜植物问题。又如,"园林制图与识图"课程思政教学设计在"园林平立面(投影)图的识读与绘制"知识单元模块,以中国北京世界园艺博览会园区设计及背景故事为引导,分析四水归堂设计思路,展现中国传统园艺设计理念和技艺的美感和实用性的完美巧妙结合,增强学生对传统文化的学习了解和追求,从而产生文化自信的共鸣。

在本书编写过程中,园林技术-风景园林中本贯通专业首先通过开展课程思政实践试点,专业教师全员参与研讨,共同摸索和总结建设经验,为专业教师提供可复制、可推广的工作模式。其次,梳理现行专业课课程标准,进行课标层面的课程思政构建,并针对各模块的教学内容,设计思政教学活动。最后,专业教师尝试制作课程思政教案、课件,并实施教学,收集教学实践反馈,不断优化教学设计。

通过课程思政实践,不仅深化了教书育人的内涵,也引导专业教师自觉将思想政治教育元素融入各专业课程教学,如同"将盐溶于汤中",将思想政治教育贯穿于教育教学全过程,促进教学活动中思想政治教育与知识体系教育的有机统一;同时,课程思政实践强化了教学过程中的思政理论教育和价值引领作用,只有充分发掘和运用学科蕴含的思想政治教育资源,将专业知识与思政元素深度融合,才能建设一批充满德育元素、发挥德育功能的课程思政教学资源,从而营造"三全育人"的校园氛围。

本书在园林专业"课程思政"实践基础上,围绕园林技术-风景园林中本贯通专业中职段专业课程,结合每门专业课自身特点,适时融入课程思政元素,并经研讨、实践和打磨完善,借由上海市教育委员会中本贯通高水平专业项目支持,将此项内容汇编成册,希望对广大专业教师开展课程思政有所启发。

受编者水平所限,书中如有不妥,欢迎指正。

编者
2022 年 12 月

Contents / 目录

第一章　园林技术-风景园林中本贯通专业人才培养方案 ·················· 1
 上海应用技术大学、上海市城市建设工程学校(上海市园林学校)
  园林技术-风景园林中本贯通专业人才培养方案 ·················· 3

第二章　园林技术-风景园林中本贯通专业中职段专业课课程思政指南 ········· 11
 "园林美术"课程思政教学设计 ·················· 13
 "植物识别"课程思政教学设计 ·················· 17
 "园林植物环境"课程思政教学设计 ·················· 23
 "园林工程材料识别与应用"课程思政教学设计 ·················· 29
 "园林制图与识图"课程思政教学设计 ·················· 34
 "园林绿地养护"课程思政教学设计 ·················· 40
 "园林植物病虫害防治"课程思政教学设计 ·················· 45
 "园林土建工程施工"课程思政教学设计 ·················· 53
 "设计初步"课程思政教学设计 ·················· 58
 "计算机辅助设计"课程思政教学设计 ·················· 63
 "盆景与水培花卉制作"课程思政教学设计 ·················· 68
 "艺术插花点亮生活"课程思政教学设计 ·················· 72
 "多肉美好生活"课程思政教学设计 ·················· 78

第三章　园林技术-风景园林中本贯通专业中职段专业课课程思政教学设计案例 ········· 81
 "园林美术"课程思政教学设计案例 ·················· 83

"植物识别"课程思政教学设计案例 ·· 93

"园林植物环境"课程思政教学设计案例 ···································· 102

"园林工程材料识别与应用"课程思政教学设计案例 ··················· 108

"园林制图与识图"课程思政教学设计案例 ································ 113

"园林绿地养护"课程思政教学设计案例 ···································· 118

"园林植物病虫害防治"课程思政教学设计案例 ························· 122

"园林土建工程施工"课程思政教学设计案例 ····························· 126

"设计初步"课程思政教学设计案例 ··· 133

"计算机辅助设计"课程思政教学设计案例 ································ 137

"盆景与水培花卉制作"课程思政教学设计案例 ························· 142

"景观多肉美好生活"课程思政教学设计案例 ····························· 147

"艺术插花点亮生活"课程思政教学设计案例 ····························· 151

附录　园林技术-风景园林中本贯通专业教学计划

第一章 园林技术-风景园林中本贯通专业人才培养方案

上海应用技术大学、
上海市城市建设工程学校（上海市园林学校）
园林技术-风景园林中本贯通专业人才培养方案

一、专业名称
风景园林（300101）

二、招生对象
初中毕业生

三、学制
全日制七年，学分制

四、培养目标
（一）总体目标

本专业培养适应社会主义建设需要，拥护党的基本路线，具有正确的人生价值观和良好的职业道德，具有事业心责任感，掌握风景园林工程设计、施工、养护、管理等岗位必需的专业理论知识和专业技能，具备专业知识的获取与再现能力、创新与创业能力和园林工程项目协调管理能力，并同时具备职业能力（核心能力和岗位能力），能从事风景园林工程设计、施工和项目管理等方面工作的应用型高级技术技能人才。

（二）服务面向、服务岗位

1. 服务面向

风景园林行业相关企事业单位。

2. 服务岗位

主要岗位有风景园林工程领域的施工图设计、工程施工和养护技术、现场项目管理等职业岗位。

五、岗位与职业能力分析

本专业在深入分析风景园林行业的相关职业能力、工作内容及其能力要求的基础上,构建七年一体化贯通课程体系。从风景园林设计、施工与管理两方面培养学生的职业知识和专业技能,注重学生专业涵养和职业素养的熏陶,使之成为企业需要的高素质技术技能人才。本专业的岗位与职业能力分析与贯通课程体系构建详见表1.1。

表 1.1 职业能力分析与贯通课程体系构建

职业能力	工作内容	能力要求		贯通课程体系			
				理实一体环节	案例综合实践环节	工学交替环节	职业能力认证环节
风景园林设计	风景园林设计 植物景观设计 施工图设计 硬质景观设计	行业通用能力	能识读园林设计图	设计初步贯通课 园林制图与识图贯通课 风景园林表现贯通课 计算机辅助设计贯通课 园林植物环境贯通课 园林树木学、花卉学贯通课 植物景观设计贯通课 园林工程材料 风景园林建筑小品与构造 中外园林史概论 风景园林设计导论 城市规划原理 风景园林规划设计贯通课 城市绿地系统规划 园林工程贯通课 生态景观设计贯通课	案例、真题风景园林设计STUDIO	专业见习	植物应用能力考试
			能运用计算机辅助设计绘制园林设计图				
			能认知和应用500种华东地区植物				
			能设计风景园林建筑小品以及设计绘制构造图			跟岗实习	
			能进行风景园林规划设计				
			能进行园林施工图设计				
			能进行生态设计				职业能力综合实习贯通
		职业特定能力	能进行花境设计	花艺设计贯通课 风景园林设计+庭院案例实习 城市公园设计+公园案例实习 城市公共开放空间设计+城市公共开放空间案例实习 生态景观规划+生态修复案例实习		顶岗实习	
			能进行庭院设计				
			能进行城市公园设计				
			能进行城市公共开放空间设计			毕业设计（论文）	
			能进行生态规划及生态修复设计				

续　表

职业能力	工作内容	能力要求	贯通课程体系			
			理实一体环节	案例综合实践环节	工学交替环节	职业能力认证环节
园林施工与管理	园林绿化工程施工 园林绿化养护 园林绿化工程监理 施工现场组织协调 日常养护管理 园林工程监理	行业通用能力				
		能识别施工图	园林工程贯通课＋园林工程案例实习 园林机具使用与维护 园林工程项目管理贯通课程 园林施工与预决算 园林法规	生产实训 案例、真题施工实训 综合实习	专业见习 跟岗实习 顶岗实习 毕业设计（论文）	植物应用能力考试 职业能力综合实习贯通
		能使用园林测量仪器进行施工现场测量				
		能进行施工现场放样				
		能进行现场地形施工				
		能进行现场植物种植施工				
		能进行园林工程施工组织与设计				
		能进行园林工程工、机、料的组织与安排				
		能进行园林绿地施工与养护				
		能使用园林机具并进行维护保养				
		能控制园林工程施工管理工期、进度				
		能根据工艺要求识别与应用园林工程材料				
		能制作园林工程预决算				
		能规范进行工程验收与档案资料管理				
		职业特定能力				
		能实施林业管理与养护	林业管理与养护贯通课程 土壤改良与肥料 园林植物病虫害防治 植物景观设计贯通课 生态修复贯通课＋生态修复案例实习			
		能进行土壤改良				
		能实施园林植物病虫害防治				
		能进行现场施工设计调整				
		能组织进行生态修复				

续 表

职业能力	工作内容	能力要求	贯通课程体系			
			理实一体环节	案例综合实践环节	工学交替环节	职业能力认证环节
其他涵养	文化修养 美学素养 团队协作 行政管理 国际交流 创新创业	行业通用能力				
		具有符合培养规格的思想素养	思政类贯通课 职业道德与法律贯通课 语文类贯通课 人文系列选修课 数理类贯通课 科学系列选修课 英语类贯通课 计算机与信息技术类贯通课 沟通类课程 体育类贯通课 心理健康	团队协作训练、创新拓展训练、创新创业实践、中外园林认知实训、园林美术写生	专业见习	植物应用能力考试 职业能力综合实习贯通
		具有符合培养规格的文化素养				
		具有符合培养规格的科学素养				
		能与团队团结协作			跟岗实习	
		具有国际视野能力				
		具有信息运用能力				
		能与客户有效沟通				
		具有身心健康素质				
		职业特定能力				
		能运用美学知识进行设计	园林美学、中外园林史、建筑史等课程 风景园林历史与艺术系列选修课 园林美术类课程 生产贯通实习 技术与能力拓展类课程 职业发展规划类贯通课		顶岗实习 毕业设计（论文）	
		能安全、有效组织、实施、管理园林工程				
		具有风景园林技术创新和拓展能力				
		具有专业的职业规划和创业能力				

六、培养规格

（一）基本要求

1. 知识结构

（1）具有大学本科层次的文化基础，有合理的复合型知识结构；

（2）熟练掌握园林制图、计算机辅助设计、风景园林设计等方面的基本理论和基本知识；

（3）掌握园林植物学、花卉学、树木学的知识，熟悉华东地区常见园林树木、花卉的

分类和生长习性;

(4) 掌握中小型风景园林绿地设计、植物景观设计、插花与花艺设计等应用方面的基本理论和基本知识;

(5) 掌握风景园林工程测量、园林工程施工技术、园林施工组织与管理、园林工程预决算等专业知识;

(6) 掌握园林病虫害综合防治的基本知识,具有植物栽培和养护的基本知识;

(7) 掌握园林行业法规等基本知识,达到园林职业道德要求。

2. 能力结构

(1) 掌握华东地区常用500种树木花卉,熟悉其习性和观赏特性,具有较强园林树木、花卉配置应用能力,熟悉华东地区常用植物习性;

(2) 熟悉各种园林植物繁殖、栽植、整形修剪和管理维护的技术,有较强的园林植物种植施工和养护管理能力;

(3) 掌握园林测量技术,能准确测绘平面图,熟悉标准测量、定点放线等技术技能;

(4) 掌握风景园林设计项目方案、扩初、施工图等各阶段技能,具备根据设计图纸在施工现场进行局部深化设计能力;

(5) 掌握园林施工技术及施工工艺能力,掌握园林工程施工技术、施工图工程量的概念与计算方法,能根据园林工程质量控制、进度控制、成本控制、安全管理以及工料机具管理的基本要求,协助项目负责人(项目经理、项目总监)进行园林工程施工组织与管理;

(6) 具备利用计算机软件进行园林工程预决算书、商务标投标文件的编制能力;

(7) 熟练使用计算机(包括常用语言、工具),熟练操作使用 AutoCAD、Photoshop、SketchUp 及 Office 等相关软件绘制专业的风景园林图纸;

(8) 掌握科技文献检索、资料查询的基本方法,具有一定的实际工作能力。

3. 素质结构

(1) 思想品德素质。热爱社会主义祖国,坚持四项基本原则,拥护党和国家的基本路线方针政策,遵纪守法,具有正确的世界观、人生观、价值观,具有良好的社会公德和良好的道德品质、职业道德。

(2) 文化素质。扎实掌握本专业实际工作所必备的基本知识,有良好的业余爱好、兴趣和人文社会科学知识。

(3) 业务素质。具有实事求是、严谨刻苦、一丝不苟的科学态度,具有敬业爱岗、艰苦创业的精神。

(4) 身体素质和心理素质。积极参与大众健身活动，身体健康，达到国家大学生体育合格标准，并具备理智、乐观、坦诚、热情、宽容、尊重、理解他人、有承受失败和挫折的能力。

(5) 综合素质。具有较强的工作适应能力、职业素养及协作精神和自学能力，具有独立获取知识、信息处理和创新的基本能力和素质。

（二）专业核心能力

(1) 园林工程技术能力。包括施工、养护、工程预决算等能力。

(2) 风景园林工程设计能力。包括施工图设计、初步设计、中小型风景园林绿地方案设计能力。

(3) 园林工程管理能力。包括工程管理、项目管理能力。

（三）职业资格能力

取得绿化工、插花花艺师职业资格证书（四级、三级）。

七、主要课程

园林工程、园林工程材料识别与应用、风景园林建筑小品及构造、园林施工与预决算、园林工程项目管理、风景园林植物景观设计、园林绿地养护、花卉学、园林树木学、基础生态学、风景园林规划设计、城市公园设计、城市公共空间设计、风景园林设计表现、计算机辅助设计、城市林业管理等。

八、主要实践教学环节

本专业的主要实践教学环节为课程实习、综合实习和工学交替三类。主要包括园林树木学实习、花卉学实习、基础生态学实习、风景园林工程课程设计、园林植物与工程材料识别实习、施工实训、中外园林认知实训、风景园林设计STUDIO、职业能力综合实习、专业见习、跟岗实习、顶岗实习（毕业实习）和毕业设计（论文）等。

九、课程设置及教学进程

课程设置及教学进程详见附录"园林技术-风景园林中本贯通专业教学计划"。

十、主要专业课程简介

（一）植物学

该课程主要介绍植物的形态、结构和植物的分类知识。通过学习，使学生认识了解植物细胞、组织、器官的特征,掌握植物体形态结构、生长发育和生殖的基本知识,掌握植物界各大类群植物的基本特征,并识别一些常见风景园林植物。

（二）园林树木学

该课程主要介绍园林树木学的分类、观赏价值及在风景园林设计施工方面的应用,要求学生掌握常见裸子植物和被子植物的主要鉴别特征、生态习性及其在风景园林设计上的应用。

（三）花卉学

该课程介绍常见园林花卉的分布、花卉对环境的要求,使学生掌握各类常见花卉与地被植物的形态、习性和观赏特征及主要用途。

（四）风景园林植物景观设计

该课程介绍风景园林植物种植设计的程序和要求、植物造景的原则、植物种植设计图的绘制,使学生理解风景园林植物景观规划设计的基本原理,掌握各类绿地植物设计的方法。

（五）园林工程

该课程介绍园林工程中地形设计、水景设计、挡土墙与花坛设计、硬质铺装设计、绿化设计、假山工程等方面的知识,使学生掌握园林施工图设计以及园林施工基本原理和技能。

（六）风景园林规划设计

该课程使学生掌握风景园林设计各阶段的设计程序、各风景园林组成要素等内容,能够熟练进行小型风景园林空间的规划设计,包括基地分析、方案设计和综合表现。

（七）园林植物病虫害防治

通过学习病虫害的基础知识及园林植物上常发性病虫害的危害特征、发生规律及防治方法,使学生在理论上具备良好的园林植物病虫害防治的理论基础,在技能上达到对园林植物病虫害防治会诊断识别、会分析原由、会制订方案、会组织实施的植保"四会"人才培养目标。

（八）城市公园设计

通过该课程学习,培养学生对不同立地条件下各类公园的综合分析、解决问题的能力,学会从功能、技术、形式、环境诸方面综合考虑城市公园设计,并能正确表达和表现设计内容;培养学生的综合设计素质、空间想象与空间组织能力。

（九）园林工程项目管理

通过学习园林工程招标投标与施工合同、园林工程施工组织设计与管理两部分内容,使学生掌握园林工程招投标的基础知识和基本技能,熟悉招投标活动的过程,掌握施工招标文件与投标文件的编制;同时使学生能够熟练编制不同类型工程的施工组织设计。

(十)园林绿地养护

通过学习园林植物栽培养护的基本知识以及从采集、育苗、栽培到养护管理的过程中的实用技术,以岗位能力的培养为重点,使学生能运用所掌握的知识和技能解决园林植物栽培与养护中出现的问题。

(十一)风景园林建筑小品及构造

该课程介绍建筑设计的基本理论、风景园林小品的各种类型设计原理以及构造方式,让学生掌握风景园林设计中小建筑、小品、城市家具的综合设计和应用,包括基地分析、方案设计、初步设计等。

(十二)园林施工与预决算

该课程要求学生通过对园林工程概预算的学习,使学生掌握园林工程概预算的基本知识,掌握园林工程定额的基本知识,能准确地计算园林相关工程量并确定园林工程预算造价,具备一定的应用预算软件进行园林施工图预算的基本专业技能。

(十三)计算机辅助设计 AutoCAD/Photoshop/SketchUp

该课程介绍专业软件 AutoCAD、Photoshop 和 SketchUp 在园林设计中的使用,使学生了解计算机辅助绘图的基本方法,掌握软件在园林中的应用操作,能够借助 AutoCAD 园林设计方案和施工图的制作,使用 Photoshop 进行园林设计方案的制作,采用 SketchUp 构建 3D 园林模型。

(十四)艺术插花点亮生活

通过本课程学习,使学生能够根据花卉应用的设计原理,运用花卉植物素材进行室内外环境的花卉的应用与设计,提高学生的花卉应用与花卉装饰技能。课程学习内容分为花卉装饰基本知识、风景园林花卉室外装饰技术、室内空间风景园林花卉装饰技术三个模块。

第二章 园林技术-风景园林中本贯通专业中职段专业课课程思政指南

本章汇编了园林技术-风景园林中本贯通专业中职段专业课课程思政教学的主要内容,结合专业课自身特点和具体知识,合理设计和应用思政要素,力求以润物细无声的形式,带领学生不断感悟和进步。

"园林美术"课程思政教学设计

一、课程基本概况

授课教师：陈奕霖

课程名称：园林美术

教学对象：风景园林中本贯通专业中职段学生

使用教材：《园林美术》

学分学时：8学分，144学时

课程类别：专业必修课

课程简介："园林美术"是风景园林专业的一门重要的专业课程。其功能是使学生了解从事本专业相关职业岗位所需绘画方面的基本知识，掌握园林绘画的基本思维和方法，具备对环境、建筑、花草树木、山石水体等设计元素进行描绘造型、表现创意的基本能力，并且为后续学习园林制图、园林规划设计、植物种植设计等专业（技能）方向课程打下基础，适应部分学生拓展学习的需求，体现终身发展的理念。

二、课程思政育人目标

习近平总书记告诉我们：我国社会主义教育就是培养德智体美劳全面发展的社会主义建设者和接班人[1]。做新时代的合格建设者和接班人，德、智、体、美、劳一个都不能少。园林美术就是装点生活美的一门课程。通过任务引领、项目活动，坚持理论与实践一体化，"教""学""做"一体化，让学生走入绘画实景，使学生在操作训练中掌握描绘设计元素的基础知识和基本技法，能融会贯通地进行多方面、多元素的概括和空间组合、表现，通过对不同的空间环境学习、描绘练习，进行创意，增强对园林绘画的情感认知。在完成各项的任务中，注意贯穿培养学生诚信、刻苦、善于沟通和合作的品质，培养学生的

---

[1]《十九大以来重要文献选编·上》，中央文献出版社，2019年，第647页。

团结协作意识,为发展职业能力奠定良好的基础,并希望达到以下职业能力培养目标:
- 能对一般园林景观进行几何体概括的描绘;
- 会运用素描的方式进行园林绘画;
- 会运用色彩学的知识进行园林景观写生。

三、课程思政教学与对应知识点设计

根据《园林美术课程标准》"园林美术"大纲与课程思政结合,在教学中具体要点如下表。

知识模块单元		知识传授和能力培养要点		课程思政知识点
模块	任务	技能与学习要求	知识与学习要求	
1. 结构素描(24学时)	1. 直线造型石膏几何体的结构素描	• 能正确表现直线造型(正方体、长方体、五边球等)石膏几何体的比例、结构、体积、空间及相互关系。	• 了解素描的概念,掌握透视术语及几种透视现象; • 掌握素描的工具、材料和使用方法; • 理解绘画观察、掌握直线造型石膏几何体及组合的结构画法。	选择现代设计感很强的建筑——中华艺术宫作为绘制对象。引导学生在表现的同时,提升把控画面的能力,挖掘建筑背后的故事。该建筑是由中国 2010 年上海世博会中国国家馆改建而成的,也是一幢标志性建筑。使学生在掌握技能的同时潜移默化地强化民族自豪感与文化自信心。
	2. 曲线造型石膏几何体的结构素描	• 能正确表现曲线造型(球形、柱形、凹形等)石膏几何体的比例、结构、体积、空间及相互关系。	• 掌握曲线造型石膏几何体及组合的结构画法。	习近平总书记在讲话中提到"深入挖掘中华优秀传统文化蕴含的思想观念、人文精神、道德规范,结合时代要求继承创新,让中华文化展现出永久魅力和时代风采"①。在中国传统书画哲学思辨的环节中,通过把中外不同时期的画家作品进行比较,引出有别于西方审美的中国传统美学"天人合一"的审美观,从而树立学生的民族自豪感与自信心。
2. 光影素描(48学时)	1. 几何体组合光影素描	• 会对正方体、球体等几何形体进行影调分析; • 会应用铅笔绘制平行排列、交叉线排列、渐变色排列等素描排线;	• 理解三面五调和影调语言; • 掌握构图比例、视角、起稿、影调和整体布局等素描基本技巧; • 列举光影素描的熟悉选定、构图起草、铺涂明暗、定形刻画、调	画家陆越子曾说过,学习画梅花只有做到"眼中有梅花""心中有梅花",才能做到"手中有梅花"。这说明观察、认识、理解事物在绘画中有着十分重要的意义。引导学生从观察欣赏出发,巩固绘画理论的同时与绘画实践相结合,做到真正意义上的"手中有梅花"。

---

① 习近平在中国共产党第十九次全国代表大会上的报告[EB/OL].(2017 - 10 - 28)[2022 - 08 - 10]. http://CPC.people.com.cn/nl/2017/1028/c64094 - 29613660.html.

续 表

知识模块单元		知识传授和能力培养要点		课程思政知识点
模块	任务	技能与学习要求	知识与学习要求	
2.光影素描(48学时)	1.几何体组合光影素描	• 会应用明暗调子对正方体、球体等几何形体的三面五调进行排线表现。	整结束等五个步骤； • 了解静物配置的原则，掌握静物写生的构图原理和方法； • 掌握静物写生的方法、步骤和写生要点。	
	2.光影素描基本技法	• 能正确运用明暗造型方法表现静物(水果、器物等其组合)的形体结构关系和色调、空间、体积及质感、量感等。	• 了解静物配置的原则，掌握静物写生的构图原理和方法； • 掌握静物写生的方法、步骤和写生要点。	让学生体验传统烙画创作过程，了解我国非物质文化遗产，增加素描学习的趣味性，夯实素描造型能力。引导学生传承与弘扬中华优秀传统文化技艺，增强创新创业精神。
3.水粉画表现基础技法(36学时)	1.水粉色相环制作	• 能利用色彩基础知识绘制色相环。	了解色彩的分类、学习方法、工具及使用方法、色彩的三要素、色彩的感觉与联想。	以敦煌文化为实例，针对敦煌纹样的提取，做颜色的明度变化，从暗明度、中明度、亮明度的颜色里感受颜色的素描关系，也进行纯度变化练习，体验颜色的朴素、灰暗、鲜艳，感受颜色的独特变化。不仅可以宣讲普及敦煌优秀文化，增强学生保护传统文化和保护文化遗产的自觉意识，而且可以通过艺术的借鉴与表达传承民族文化根脉，创造新的民族文化价值，并为学生未来的专业实践设计奠定色彩基础。
	2.水粉画表现基础技法	• 能运用干画法、湿画法、干湿结合法及特殊技法等基础技法。	• 了解干画法、湿画法、干湿结合法及特殊技法等基础技法的特点； • 列举适合各基础技法的表现对象。	以古今中外典型园林案例的形成作为切入点，如颐和园、拙政园等，在案例分析过程中，让学生了解其历史和当时的技术条件，并通过视频介绍其形成过程，以其弘扬劳动精神，培养学生吃苦耐劳、踏实、勤奋的工匠精神。
	3.水粉静物写生	• 能绘制构图完整、色调协调、造型准确、质感真实的静物组合(水果、陶罐、衬布等)。	• 掌握水粉静物写生的方法和步骤； • 掌握不同质感、整体感、空间感表现的技巧。	基于前期基础知识的学习、拓展和启发，通过回忆家乡美景、童年美景，唤起学生对美好生活的向往和对家乡的热爱之情。培养学生的能动性，升华创作能力，增强学生的民族认同感和民族自信心。

续　表

知识模块单元		知识传授和能力培养要点		课程思政知识点
模块	任务	技能与学习要求	知识与学习要求	
4.园林风景写生（36学时）	1.水粉风景基本技法	• 会临摹水粉风景画作品； • 会从多角度观察写生对象，处理好景物的主次、虚实关系，学会取舍、装饰，注意画面的整体色彩效果。	• 掌握水粉风景画的用笔方法、调色技巧等； • 初步掌握园林风景及自然风景画的写生技巧。	园林是自然美、社会美和艺术美的综合艺术，它通过园林的造园要素，在自然的基础上加以人工改造，形成一幅美丽的、真实的"画卷"。在教学中，借助造园实例，对造园艺术特点进行分析，引导学生由表及里、由形到意、由浅入深地对园林进行写生与描绘，不断提高学生的审美意识。
	2.水粉风景写生	• 会园林景观钢笔淡彩的基本表现技法，能够区别不同景物的基本色调。	• 熟悉园林景观钢笔淡彩表现技法的基础知识。	通过写生中国共产党第一次全国代表大会会址纪念馆，带领学生身临其境地见证百年前中国共产党的伟大诞生。

四、教学效果与反思

通过学生绘制课程中的美术作品，能够将作品所具备的特点充分展现出来，实现情感沟通以及互动，提升学生的心理品质与艺术素养。此外，在当前的美术教育过程中，可以创设良好的校园文化环境。绘画艺术在艺术领域当中占据着非常重要的位置，美术教育教学能够不断影响与熏陶学生。

"植物识别"课程思政教学设计

一、课程基本概况

授课教师：金侯定

课程名称：植物识别

教学对象：风景园林中本贯通专业中职段学生

使用教材：《园林植物识别》

学分学时：8学分，144学时

课程类别：专业必修课

课程简介："植物识别"是风景园林中本贯通专业的一门专业核心课程。其功能是让学生掌握园林植物识别及应用的基本知识和基本技能，具备从事绿化施工与养护、园林种苗生产方面绿化工、花卉工岗位的相关职业能力，为后续风景园林其他专业课的学习奠定基础。

二、课程思政育人目标

遵循创新、协调、绿色、开放、共享"五大发展理念"，以人与自然和谐为价值取向，将"植物识别"课程与家国情怀、生态文明、传统文化、人文素养、科学素养相统一。为培养具备园林植物素养与绿色发展理念，适应社会主义生态文明新时代，富有社会责任感、使命感与文化自信的新时期风景园林专业人才奠定基础。

三、课程思政教学与对应知识点设计

知识模块单元		知识传授和能力培养要点		课程思政知识点
模块	任务	技能与学习要求	知识与学习要求	
1. 园林树木识别(72学时)	1. 园林树木概述(12学时)	园林树木的形态识别 • 能根据形态特征进行树种分类。	园林树木分类 • 理解树冠、树干、叶、花、果等部位的基本形态术语及习性； • 了解园林树木的分类依据及方法。	1. 介绍中国古代及近代重要植物学著作《神农本草经》《南方草木状》《本草纲目》《植物名实图考》《中国植物志》等，讲授我国植物分类研究的历史，引导学生思考中华文明在整个人类文明发展史中的地位，帮助学生树立对中华传统文化的自信。 2. 介绍中国著名植物学家的故事。胡先骕先生被誉为中国植物分类学的奠基人，吴征镒先生是中国植物学家发现和命名植物最多的一位。他们坚持"读书效国""科学救国"的理念，积极投身于新中国建设，改变了中国植物主要由国外学者命名的历史。培养学生家国情怀，坚定学生使命感，为实现中华民族的伟大复兴而努力奋斗。
		园林树木的物候观察 • 能准确把握物候观察的内容； • 能对树种物候特征进行观察记录； • 会撰写物候观察报告。	园林树木物候观察方法 • 理解物候的定义； • 理解观察过程和记录要点； • 了解所观察形态发育的部位。	播放中央电视台《朗读者》节目中关于"中国植物科学画第一人"曾孝濂的视频，欣赏其《改变世界的中国植物》等作品，使学生体会植物的美、科学的严谨和生命的珍贵。通过学习科学的观察方法，培养学生严谨、认真、持之以恒、实事求是的科学态度，激发学生对大自然的兴趣，提升人文素养。
	2. 园林树木裸子植物(8学时)	常见裸子植物识别 • 能根据形态特征识别常见裸子植物； • 能运用表格形式对观察结果进行记录和归纳。	常见裸子植物特征 • 理解裸子植物的定义； • 了解常见裸子植物的叶、花、果实等形态特征； • 了解园林绿化中常见裸子植物生态习性。	1. 我国园林植物资源极为丰富，被誉为"世界园林之母""裸子植物故乡"。通过观看国内首部植物类大型纪录片《影响世界的中国植物》视频相关片段，介绍我国特有孑遗植物，如1941年在湖北发现具"活化石"之称的水杉，1955年在广西发现具"植物熊猫"之称的银杉。体会中国植物对全人类社会的影响，激发学生的民族自信心和家国情怀。 2. 习近平主席在联合国生物多样性峰会上，强调"保护生物多样性有助于维护地球家园，促进人类可持续发展"。通过介绍《国家重点保护野生植

续 表

知识模块单元		知识传授和能力培养要点		课程思政知识点
模块	任务	技能与学习要求	知识与学习要求	
1. 园林树木识别(72学时)	2. 园林树木裸子植物(8学时)			物名录》《中华人民共和国野生植物保护条例》，引导学生以专业眼光思考珍稀濒危植物保育问题，进行生态文明教育。 3. 中国古代墓植松柏的习俗已有两千多年，松柏象征凌寒不凋、坚贞不屈的精神，具有独特的精神内涵。通过介绍南宋抗金名将岳飞墓（岳王庙）、龙华烈士陵园的松柏应用，缅怀人民英雄，激发学生家国情怀。
	3. 园林树木被子植物(40学时)	常见被子植物识别 • 能根据形态特征识别常见被子植物； • 能运用表格形式对观察结果进行记录和归纳。	常见被子植物特征 • 理解被子植物的定义； • 了解常见被子植物的叶、花、果实等形态特征； • 了解园林绿化中常见被子植物生态习性。	结合中国植物文化，融入社会主义核心价值观，将价值引领和能力培养相统一，发扬和传播中华优秀传统文化，增强传统文化自信。 如梅花是中国十大名花之首，二十四番花信之首，与松、竹合称"岁寒三友"，与兰、竹、菊一起列为"花中四君子"。梅花自古以来受到人们喜爱与赞颂，王安石《梅花》："墙角数枝梅，凌寒独自开。遥知不是雪，为有暗香来。"毛泽东《卜算子·咏梅》："风雨送春归，飞雪迎春到。已是悬崖百丈冰，犹有花枝俏。俏也不争春，只把春来报。待到山花烂漫时，她在丛中笑。"梅花在寒冬绽放，其傲风雪、斗严寒的精神，象征着中华民族坚贞不屈的伟大风骨。梅花因其5片花瓣，又称"五福花"，梅开五福为传春报喜的吉祥象征，表达人民对美好生活的憧憬和向往。我国是梅花国际登录品种权威，"梅花院士"陈俊愉开创了中国植物品种国际登录先河，让梅香远飘国外。
	4. 本地园林树木识别(12学时)	上海常用园林树木识别 • 能够根据叶、花、果实、树干等形态特征正确识别上海常用园林绿化树种。	上海常用园林绿化树种的形态特征 • 了解上海常用园林绿化树种的叶、花、果实、树干等形态特征。	1. 介绍乡土植物。适地适树，树木生长与自然条件有密切关系。中国古代提倡"天人合一"，老子曰："人法地，地法天，天法道，道法自然。"人是自然界中的一分子，人和自然在本质上是相通的，故一切事物均应顺应自然规律，达到人与自然和谐相处，培养学生人文素养。 2. 中国特色社会主义道路"符合中国实际""反映中国人民意愿""适应时代发展要求"，是实现中华民族伟大复兴的唯一正确道路。坚定学生"四个自信"，增强学生家国情怀。

续 表

知识模块单元		知识传授和能力培养要点		课程思政知识点
模块	任务	技能与学习要求	知识与学习要求	
2.园林花卉识别(72学时)	1.园林花卉概述(8学时)	园林花卉类型识别 • 能识别花卉的主要类型(一、二年生花卉、宿根花卉、球根花卉、水生花卉、温室花卉等); • 会应用不同的分类法对常见花卉进行分类。	园林花卉的概念和分类 • 理解园林花卉的概念; • 熟悉依据生长习性进行分类的方法; • 了解花卉根、茎、叶、花、果等器官的分类特点; • 了解各类花卉的实用分类方法。	1.介绍中国十大传统名花及寓意,如牡丹:雍容华贵,被人们誉为"花中之王",它是中华民族兴旺发达、美好幸福的象征;菊花:独立冰霜、坚贞不屈,格外受到人们青睐;兰花:素有"花中君子""王者之香"的美誉;水仙:素有"凌波仙子"的雅称等,增强传统文化自信。 2.寻找青花瓷中的花卉纹饰,如牡丹纹、莲纹、芍药纹、石榴花纹、忍冬纹、菊瓣纹、缠枝纹等,使学生感受传统文化之美,培养学生健康的审美情趣,弘扬中华优秀传统文化,增强传统文化自信。
	2.露地花卉(40学时)	一、二年生花卉识别 • 能根据植株的叶、花、果等形态特征识别常见一、二年生花卉; • 能运用表格形式对观察结果进行记录和归纳。	一、二年生花卉的特征 • 理解一、二年生花卉的定义及类型; • 了解一、二年生花卉植株的叶、花、果等的形态特征; • 了解常见一、二年生花卉生态习性; • 了解一、二年生花卉在园林中的用途。	理论联系实践,带领学生进行现场观察教学,仔细观察不同植物的形态特征,并具体讲解和比较,巩固和验证课堂上讲授的知识,完善学生的知识体系结构,提升学生的观察能力、思考能力,培养学生科学素养。
		宿根花卉的识别 • 能根据植株的叶、花、果等形态特征识别常见宿根花卉; • 能运用表格形式对观察结果进行记录和归纳。	宿根花卉的特征和种类 • 理解宿根花卉的定义; • 了解宿根花卉的叶、花、果等形态特征; • 了解常见宿根花卉生态习性; • 了解宿根花卉在园林中的应用。	通过植物采集、标本制作、植物解剖、图片拍摄等实训任务,培养学生吃苦耐劳、科学严谨的学习态度以及团队协作精神,提升学生科学素养。
		球根花卉的识别 • 能根据植株的叶、花、果等形态特征识别常见球根花卉; • 能运用表格形式对观察结果进行记录和归纳。	球根花卉的特征和分类 • 理解球根花卉的定义; • 了解球根花卉叶、花、果等形态特征; • 了解常见球根花卉生态习性; • 了解球根花卉在园林中的应用。	带领学生进行球根花卉的栽培与养护,通过亲自动手种植、浇水、养护,把劳动教育融入专业人才培养过程,引导学生树立正确的劳动价值观,培养学生精益求精的工匠精神和爱岗敬业的劳动态度,提升学生人文素养。

续　表

知识模块单元		知识传授和能力培养要点		课程思政知识点
模块	任务	技能与学习要求	知识与学习要求	
2.园林花卉识别(72学时)	2.露地花卉(40学时)	水生花卉的识别 • 能准确识别挺水类、浮水类、漂浮类、沉水类花卉； • 能运用表格形式对观察结果进行记录和归纳； • 能根据植株的叶、花、果等形态特征，识别出常见水生花卉。	水生花卉的特征和分类 • 理解水生花卉的定义； • 了解水生花卉的类型(挺水类、浮水类、漂浮类、沉水类)及代表种； • 了解水生花卉的茎、叶、花等形态特征； • 了解常见水生花卉生态习性； • 了解水生花卉在园林中的应用。	观察植物的营养器官与繁殖器官，思考植物在面对逆境时的对策，了解植物生命历程，体会植物生命力的顽强。进行生命教育，提升学生人文素养。
		草坪与地被植物的识别 • 能依据植株的叶、花、果等形态特征识别常见草坪与地被植物； • 能运用表格形式对观察结果进行记录和归纳。	草坪、地被植物的特征 • 理解草坪、地被植物的定义； • 了解草坪与地被植物的叶、花、果等形态特征； • 了解常见草坪与地被植物生态习性； • 了解草坪与地被植物在园林中的应用。	通过植物采集、标本制作、植物解剖、图片拍摄等实训任务，培养学生吃苦耐劳、科学严谨的学习态度以及团队协作精神，提升学生科学素养。
	3.温室花卉(12学时)	温室花卉的识别(温室一、二年生宿根花卉、球根花卉) • 能依据植株的叶、花、果等形态特征识别常见温室花卉； • 能运用表格形式对观察结果进行记录和归纳。	温室花卉的形态特征(温室一、二年生宿根花卉、球根花卉) • 理解温室花卉的定义； • 了解温室花卉的叶、花、果等形态特征； • 了解常见温室花卉生态习性； • 了解室内花卉的应用方法及经济价值。	党的十九大报告强调："创新是引领发展的第一动力，是建设现代化经济体系的战略支撑。"介绍5G智慧温室大棚，长寿花、四季海棠等植物生产使用5G智慧温室大棚，运用环境智能感知控制和水肥一体化控制技术，相比传统种植更节能、更高产。强调科技创新、绿色发展理念的重要性，引导学生增强创新精神、创业意识，提升学生科学素养和生态文明意识。
		温室仙人掌及多肉多浆植物 • 能依据植株的叶、花、果等形态特征正确识别常见温室仙人掌及多肉多浆植物。	温室仙人掌及多肉多浆植物的特征 • 了解温室仙人掌及多肉多浆植物的叶、花、果等形态特征； • 了解常见温室仙人掌及多肉多浆植物生态习性； • 了解温室仙人掌及多肉多浆植物的应用。	观察植物的营养器官与繁殖器官，思考植物在面对逆境时的对策，了解植物生命历程，体会植物生命力的顽强，进行生命教育，使学生发自内心尊重生命，提升学生人文素养。

续 表

知识模块单元		知识传授和能力培养要点		课程思政知识点
模块	任务	技能与学习要求	知识与学习要求	
2.园林花卉识别(72学时)	4.本地园林花卉识别(12学时)	上海常用园林花卉识别 • 能够根据叶、花、果实等形态特征正确识别上海常用园林花卉。	上海常用园林花卉的形态特征 • 了解上海常用园林花卉的叶、花、果实等形态特征。	1. 观看在上海崇明举行的第十届中国花博会视频,欣赏富有时代特色、符合社会发展需要、体现国际水准的中国花博会园。结合美育教育,提升学生人文素养。 2. 欣赏"上海市美丽乡村示范村"崇明建设镇富安村的"美丽家园""绿色田园""幸福乐园",感受乡村振兴的成果,进行生态文明教育。 3. 欣赏中国国际花境大赛获奖作品"万里芳华"。该花境设计理念:以长征之路为灵感,通过银叶菊、八仙花、百子莲等蓝白色系花卉,打造"山川"与"草原",寓意长征的艰辛与党的信念;以天人菊、天竺葵为主的红色花系,象征着我国历经艰辛,终得安宁昌盛。

四、课程思政教学设计反思

课程思政内涵融入"植物识别"课程的教育实践,具有明显的育人效果,是培养学生正能量的有益渠道,对进行传统文化传播和生态文明教育传播具有显著的效果。要实现思政预期的目标,还需要做到以下几个方面:

建立基于过程考核的课程思政实现环节与目标在整个课程教学中结合课堂学习,并通过软件"植物识别考训系统"进行线下学习。课程学习效果主要由课堂出勤与平时表现、阶段性(对应知识点模块)课程作业和最终考试三种方式相结合,分别占课程学习成绩的 20%(出勤与表现 15%,思政结合 5%)、40%(专业内容 35%,思政结合 5%)和 40%(专业内容 30%,思政结合 10%)。

课程思政主旨在于回答"培养什么样的人""如何培养人"以及"为谁培养人"这一根本问题。课程思政把"立德树人"作为教育根本任务,要求全方位、多领域、多层次协同融合渗透于学生的思想意识观念之中,使广大学生做到内化于心、外化于行。"植物识别"课程作为风景园林中本贯通专业的一门专业核心课程,是在新生入校的第一学年就开设的课程,此阶段是中职学生思想萌芽阶段,学习该课程的学生人数较多,影响面较大。因此,如何完善本门课程思政,还是有很长的路要走。

"园林植物环境"课程思政教学设计

一、课程基本概况

授课教师： 马波

课程名称： 园林植物环境

教学对象： 风景园林中本贯通专业中职段学生

使用教材： 《植物生长与环境》

学分学时： 4学分，72学时

课程类别： 专业必修课

课程简介： "园林植物环境"是风景园林专业的一门专业基础课程。针对风景园林专业的特点，从知识为技能服务的原则出发，选择植物形态、植物生态和园林土壤肥料的有关知识为主要内容，为进一步学习专业基础课程如"园林树木识别""园林花卉识别鉴定"奠定基础，是在学习专业（技能）方向课前必须掌握的核心知识，其知识和技能在园林相关专业生产实践中有很重要的实用价值。

二、课程思政育人目标

"园林植物环境"课程为风景园林专业的专业基础课程。在新时代背景下对"园林植物环境"课程思政建设融合路径进行探索，让学生在潜移默化中培养生态意识，增强生态文明建设责任感；传承中华优秀传统文化，树立社会主义文化自信；弘扬爱国精神，树立大国自信；树立正确的价值观，培养学生的担当意识；深化职业素养教育，培养良好的职业道德情操，将课程中丰富的思政元素与园林专业知识有机融合，达到润物无声的育人效果。

三、课程思政教学与对应知识点设计

本课程思政教育主要指标点有：（1）重视生态文明建设。党的十九大报告中提出

"加快生态文明体制改革,建设美丽中国"①。本课程思政教学,是实现增强学生生态文明建设的责任感与使命感的必要手段。(2)弘扬传统文化。习近平总书记在党的十九大报告中指出:"我们必须深刻认识和把握中华优秀传统文化的丰厚底蕴,实现中华民族的文化自信和文化认同。"中国古代诗歌和著作中就能见到一些朴素的生态与环境思想,这是我国传统文化蕴涵的宝贵财富,为本课程相关内容的奠基与发展作出了很大贡献。(3)树立文化自信。生态环境是人类赖以生存的共同资源。当前,气候变化已成为全球面临的重大挑战。我国利用植物改善生态环境的努力和建设成就得到了国际社会的认可。(4)树立正确的价值观。在本课程教学中充分挖掘德育素材,将专业教学与育人相结合,引导学生树立正确的价值观,保持积极的人生态度,强化担当意识。围绕育人目标和建设指标点,"园林植物环境"课程以专业教育模块化为关键,进行教学知识单元、知识要点、思政知识点与教学案例的四配设计(见下表)。

本课程共设计"园林植物的形态基础"和"园林植物与环境的关系"2个模块、11个知识单元、若干专业知识点和思政知识点,将专业知识点与课程思政知识点无缝衔接在每一节课堂上。随着专业教学的深化不断扩展思政教育,实现课程思政培养目标,服务于建立和谐人居、绿色发展和可持续建设的人类命运共同体的国家战略。

知识模块单元	知识传授和能力培养要点		课程思政知识点
	技能与学习要求	知识与学习要求	
1. 园林植物的形态基础(36学时)	1. 植物基础知识概述 • 能分析植物界的类群及多样性; • 能分析植物在环境中的作用。	1. 植物基础知识概述 • 掌握植物界类群理论知识; • 掌握园林植物作用; • 掌握园林植物种质资源相关理论。	生态文明建设。融入对环境保护植物多样性的意识倡导,让植物生长与环境课程的课程思政融入如春在花、如盐在水在课堂交织与碰撞。
	2. 植物的细胞和组织 • 能够做出简单的细胞结构图; • 能够描述植物不同组织结构的功能; • 能够辨别植物不同组织结构。	2. 植物的细胞和组织 • 掌握细胞、组织、生长、分化等名词术语知识; • 熟悉植物细胞的结构构成及功能理论知识。	1. 生态文明建设。融入对环境保护植物多样性的意识倡导,让植物生长与环境课程的课程思政融入如春在花、如盐在水在课堂交织与碰撞。 2. 树立正确价值观。在植物标本野外采集、室内鉴定分析教学项目中,培养学生科学严谨、一丝不苟的科学素养、使命担当和工匠精神。

---

① 习近平在中国共产党第十九次全国代表大会上的报告[EB/OL].(2017 - 10 - 28)[2022 - 06 - 20]. http://CPC.people.com.cn/nl/2017/1028/c64094 - 29613660.html.

续 表

知识模块单元	知识传授和能力培养要点		课程思政知识点
	技能与学习要求	知识与学习要求	
1. 园林植物的形态基础（36学时）	3. 植物的营养器官 • 能够描述植物营养器官的功能； • 能够正确描述植物营养器官的形态特征； 能够正确区分植物营养器官种类。	3. 植物的营养器官 • 熟悉种子萌发与幼苗形成基本知识； • 掌握根、茎、叶结构形态及功能。	1. 树立文化自信。将植物的六大器官与中华优秀文化紧密联系，根是人的立身之本、茎是人的攀登之径、叶是人的营养之源、花是人的风华之茂、果实是人的丰收之悦、种子是人的生命之初。通过这部分项目化教学课程思政的融入，增强学生的文化自信、培养学生批判质疑的科学精神。 2. 生态文明建设。融入对环境保护植物多样性的意识倡导，让植物生长与环境课程的课程思政融入如春在花、如盐在水在课堂交织与碰撞。 3. 树立正确价值观。在植物标本野外采集、室内鉴定分析教学项目中，培养学生科学严谨、一丝不苟的科学素养、使命担当和工匠精神。
	4. 植物的繁殖器官 • 能够正确识别种子植物的繁殖器官； • 能够识别花、果实、种子的形态特征； • 能够根据果实、种子不同正确划分植物类别。	4. 植物的繁殖器官 • 熟悉植物花的基本知识和类型； • 掌握果实、种子的类型相关知识。	1. 树立文化自信。将植物的六大器官与中华优秀文化紧密联系，根是人的立身之本、茎是人的攀登之径、叶是人的营养之源、花是人的风华之茂、果实是人的丰收之悦、种子是人的生命之初。通过这部分项目化教学的课程思政的融入，增强了学生的文化自信、培养学生批判质疑的科学精神。 2. 生态文明建设。融入对环境保护植物多样性的意识倡导，让植物生长与环境课程的课程思政融入如春在花、如盐在水在课堂交织与碰撞。 3. 树立正确价值观。在植物标本野外采集、室内鉴定分析教学项目中，培养学生科学严谨、一丝不苟的科学素养、使命担当和工匠精神。
	5. 植物的分类基础 • 能够理解植物命名原则，学会区别植物种名和属名； • 能够学会利用植物检索表； • 能够描述植物界基本类群的进化规律。	5. 植物的分类基础 • 掌握植物命名原则和方法理论知识； • 了解被子植物分类系统及分类方法相关理论知识； • 掌握植物群落及其特征及植物群落的演替进化规律。	1. 弘扬传统文化。为了传扬中华优秀植物资源，选择我国植物活化石植物类型和孑遗植物、濒临灭绝植物为案例，引导学生树立爱国情怀、民族自豪感、社会责任感。 2. 树立正确价值观。在植物标本野外采集、室内鉴定分析教学项目中，培养学生科学严谨、一丝不苟的科学素养、使命担当和工匠精神。

续 表

知识模块单元	知识传授和能力培养要点		课程思政知识点
	技能与学习要求	知识与学习要求	
2.园林植物与环境的关系(36学时)	1.园林植物与光照 • 能根据园林植物对光照的需求不同对园林植物进行分类; • 能在园林植物的生长过程中合理的调控光照因子。	1.园林植物与光照 • 掌握光照有关的基本概念; • 掌握园林植物与光照的关系; • 理解光照时间、光照强度对园林植物的影响。	1.弘扬传统文化。穿插一些相关的诗词。例如汉乐府的"青青园中葵,朝露待日晞。阳春布德泽,万物生光辉",引出光对植物的生态作用。将蕴含生态与环境知识的古诗词和著作相关语句融入该课程的课堂教学中,不仅能够激发学生学习兴趣,而且还能利用中国优秀的传统文化提升学生的人文素养,让学生自觉传承中华民族的文化基因。 2.加强生态文明建设。介绍城市光环境建设与维护。介绍光的创新应用。
	2.园林植物与温度 • 能根据园林植物对温度的需求不同对园林植物进行分类; • 能在园林植物的生长过程中合理进行温度调控。	2.园林植物与温度 • 掌握温度有关基本概念; • 掌握园林植物生长与温度的关系; • 理解植物生长温度三基点。	1.弘扬传统文化。穿插一些相关的诗词。例如苏轼的"竹外桃花三两枝,春江水暖鸭先知",描写的是温度对生物的影响。将蕴含生态与环境知识的古诗词和著作相关语句融入该课程的课堂教学中,不仅能够激发学生学习兴趣,还能利用中国优秀的传统文化提升学生的人文素养,让学生自觉传承中华民族的文化基因。 2.加强生态文明建设。进行低碳生活。通过新材料与新能源开发,提高植物在改善温度方面的作用。
	3.园林植物与水分 • 能够说出在园林植物生长过程中,水与园林植物生长发育的关系; • 能够在园林绿化中能够合理对水分进行调控。	3.园林植物与水分 • 熟悉水有关的基本概念及特征; • 掌握园林植物对水分的需求和适应,及园林植物对水的生态适用类型及特点; • 掌握园林植物对城市水分状况的调节作用; • 了解水环境调控在园林绿化中的作用。	弘扬传统文化。穿插一些相关的诗词。例如刘向的"橘生淮南则为橘,生于淮北则为枳,叶徒相似,其实味不同。所以然者何?水土异也。"描写的是水分和土壤对植物的影响。将蕴含生态与环境知识的古诗词和著作相关语句融入该课程的课堂教学中,不仅能够激发学生学习兴趣,还能利用中国优秀的传统文化提升学生的人文素养,让学生自觉传承中华民族的文化基因。
	4.园林植物与大气 • 能够明确大气的组成及大气污染类型; • 能够识别大气污染对园林植物的影响的表现症状;	4.园林植物与大气 • 掌握大气的组成及大气污染的类型; • 了解大气污染对植物的影响; • 了解园林植物对大气	1.树立大国自信。例如中国政府为改善生态环境,在中国西北、华北、东北地区建设"三北"防护林工程,构筑"绿色万里长城",防风治沙,被联合国环境规划署确立为全球沙漠"生态经济示范区"。展示山西右玉县防风治

续 表

知识模块单元	知识传授和能力培养要点		课程思政知识点
	技能与学习要求	知识与学习要求	
2.园林植物与环境的关系(36学时)	• 能够根据大气污染类型不同合理配置相应的抗性植物。	污染的生态适用类型及特点。	沙"钉钉子"精神的相关素材,体现植物对防风的重大贡献。 2. 加强乡土教育。例如上海三林防护林建设对上海郊区防风工作的重要贡献。
	5.园林植物与生物 • 能够利用生物关系对园林植物生长进行基本调控; • 能够正确划分城市植物群落。	5.园林植物与生物 • 掌握植物间及植物与动物的相互关系; • 了解生物关系调节及其在园林绿化中应用; • 掌握植物群落及其特征及植物群落的演替。	1. 生态文明建设。保护地球家园,培养可持续发展的行为准则;维护和创造生境多样性以实现多样性文化。 2. 树立正确的价值观。通过剖析植物的生活史引出对人类生活史的思考。播放《植物的秘密生活》,让学生了解自然界形成的互惠共生的案例,围绕这些内容,对学生展开团队精神的教育,树立团队意识,使班级学生处理好合作与竞争、个体与团队的关系,创建和谐、积极向上的班级风貌。
	6.园林植物与土壤 • 能够分析土壤质地与园林植物生长关系; • 能够根据土壤酸碱度不同,明确酸性树种、碱性树种、钙质土树种种类; • 能够根据植物对土壤酸碱度不同合理配置植物,利用植物对城市绿地进行土壤改良。	6.园林植物与土壤 • 了解土壤的理化性质; • 了解园林植物生长与土壤关系; • 掌握城市绿地土壤改良方法。	1. 生态文明建设。带领学生阅读《寂静的春天》,同时分享 1992 年国内北方发生的棉铃虫大爆发事件,引导学生意识到因人类过度使用农药和肥料而导致的环境污染、生态破坏。 2. 弘扬传统文化。增强文化自信。介绍中国先民创造的轮作、间作等栽培管理措施对土壤改善的作用,凸显我们传统文化的传承。

四、课程思政教学设计反思

课程思政需要建立完整的立德树人目标、逻辑和策略,课程每一个专业知识模块不仅需要完整独立的思政教育切入点,而且需要思政点的体系化,以及逐步进阶的思政教育目标和实施途径。要实现课程思政预期的目标,需要做到以下几个方面。

课程专业知识教学模块要明确,才能有效设计课程思政目标。专业知识模块指向越清晰,课程思政点就会越加清晰,但专业知识模块过于细化会导致课程思政知识点的碎化,从而缺少整体性和一体化的思政感受。保持适当完整的课程专业模块有助于形成整体性强的课程思政教育体系。

建立基于过程考核的课程思政实现环节与目标,在整个课程教学中结合课堂学习,并通过网络资源和网络教学平台进行线上学习。课程学习效果主要由课堂出勤、阶段性(对应知识点模块)课程作业和最终考试三种方式相结合。分别占课程学习成绩的15%(专业内容10%,思政结合5%)、45%(专业内容35%,思政结合10%)和40%(专业内容30%,思政结合10%)。

精选高质量教材和品牌化教材就是课程思政教育的体现。选用国家级规划教材、国家重点图书及优秀出版物为教材,凸显教材在课程思政教学中的重要作用,同时积极开发具有本地特色的校本教材和区域教材,凸显为地方社会服务的特点。

教师要准确掌握课程的专业知识,教学要面向学生关心的问题。在课程教学的不同阶段学生们会提出不同的问题与困惑:植物组织有哪些类型?植物的各个器官怎么识别?植物有哪些常见分类科属?植物是怎样受环境因子影响的?我们如何利用环境因子来进行植物生产和养护?等等。这些问题看似是专业知识点的教学问题,恰恰也是思政教学中的关键问题。这些问题看似简单,但真正完整高水平的思政教学,还有很长的路要走。

"园林工程材料识别与应用"
课程思政教学设计

一、课程基本概况

授课教师： 刘铁柱

课程名称： 园林工程材料识别与应用

教学对象： 风景园林中本贯通专业中职段学生

使用教材：《园林工程材料识别与应用》

学分学时： 2学分,36学时

课程类别： 专业核心课

课程简介： "园林工程材料识别与应用"是风景园林中本贯通专业的一门专业核心课程，其功能是配合学生学习园林工程施工与管理课程中关于园林工程材料方面的基本知识和基本技能，使学生具备从事园林工程材料运用管理所需的相关职业能力。它是园林制图、园林测量的后续课程，并为"园林综合实训""园林设计"等专业课打下园林工程材料运用方面的基础。

二、课程思政育人目标

"园林工程材料识别与应用"课程在专业教学过程中，强调思政元素与中华文明、传统文化、工匠技艺、审美意识、规范意识等知识点的相互契合，按照思政自然融入专业教学的原则，课程标准将民族自信、工匠精神、团队合作、规则意识等关键的思政要素与课程教学有机融合；通过教学活动设计和作业强化对学生的引导和训练，而且设置相应的考核项目。课程考核时以核心思政要素的得分情况来考量其课程思政的教学效果达成度，做到课程思政教学可评可测。

三、课程思政教学与对应知识点设计

根据风景园林中本贯通专业人才培养方案，"园林工程材料识别与应用"课程标准与课程思政在教学中结合的具体要点如下表。

工作任务	技能与学习要求	知识与学习要求	课程思政知识点
1. 综合庭院工程中的材料大类分析与调查	综合性庭院施工图纸材料的组成分析 • 能在施工图中识别建筑材料图例； • 会统计材料大类； • 会分析材料规格和说明文字表述。	园林工程材料图纸识别的基础知识 • 概述园林工程材料的定义； • 说出园林工程材料的分类方法； • 辨别国家颁布的建筑材料图例。	通过精准识读施工图纸，掌握园林工作的严谨性和规范性。逐步培养学生形成爱岗敬业的社会主义核心价值观。
	园林工程材料调查 • 能确定大类园林材料市场的所在地点； • 能按照材料规格和文字表述寻找相关材料； • 能通过网络查询材料加工和现场施工工艺； • 会编写调查报告。	园林材料分类知识 • 说出按化学成分对园林工程材料的分类方法； • 概述景观材料的文字说明方式； • 说出景观材料加工和现场加工工艺的流程。	通过分组协作、分析调研，掌握园林材料的科学分类知识的同时，学习团队合作、深入钻研的精神。
2. 基础材料识别及素砼送检分析	基础材料识别 • 能识别砌墙砖的不同类型和砌筑方式； • 能识别天然基础石材（砌筑用石材）； • 能识别气硬性胶凝材料（石灰、石膏）； • 能识别普通素砼（含钢砼）的组成材料； • 能识别砂浆（含防水砂浆）的组成材料； • 能识别建筑防水材料的组成材料。	1. 基本材料的质量检测常识 • 说出建筑材料的物理性质； • 说出建筑材料的力学性质； • 说出建筑材料的耐久性。 2. 基本材料在建筑上的施工工艺常识 • 列举素砼分类； • 复述素砼配合比设计、钢砼配筋常识； • 列举砂浆分类； • 列举砌筑砂浆配合比设计。	通过土木工程、秦砖汉瓦等知识，了解中国古代劳动人民的勤劳和智慧，学会古为今用，继承文化基因，更好地认识世界，更好地开创人类社会的未来。 通过"烧结黏土砖限令"等案例，了解绿水青山就是金山银山的生态建设理念。 通过古诗"粉身碎骨全不怕，要留清白在人间"，引导学生发现石灰的生产以及特点，感悟舍生取义的民族气节。
3. 铺装面层材料识别	铺装面层材料识别 • 能识别天然装饰石材（含实体构筑石材）； • 能识别人造石材（块料、散料）； • 能识别压模地坪； • 能识别透水性路面材料； • 能识别建筑陶瓷； • 能识别建筑涂料； • 能识别抹面、装饰砂浆。	1. 铺装面层材料识别常识 • 记住石材分类（物理特性与纹理表现）常识； • 了解压膜地坪基础知识； • 了解建筑涂料（含真石漆）基础知识； • 了解抹面、装饰砂浆基础知识。 2. 铺装面层材料在景观建筑上的施工工艺常识 • 记住石材分类（物理特性与纹理表现）常识及面层加工工艺表现；	通过熟悉园林工程的材料和工艺，了解我国建筑材料领域资源、技术以及在国际上所处的水平，激发学生的家国情怀，引导学生学工匠、做工匠。

续 表

工作任务	技能与学习要求	知识与学习要求	课程思政知识点
3. 铺装面层材料识别		• 说明石材（块料）、陶瓷面层的施工工艺； • 复述鹅卵石、水洗石、胶粘石、斩假石等散料面层的施工工艺； • 复述压模地坪的施工工艺； • 复述建筑涂料（含真石漆）的施工工艺； • 复述抹面、装饰砂浆配合比设计与现场施工工艺。	
4. 石景材料的识别及应用	石景材料识别 • 能识别湖石类的四个以上主要品种； • 能识别硬棱边类石景材料的四个以上主要品种； • 能识别原石类的四个以上主要品种； • 能识别GRC塑假山。	1. 石景材料在景观建筑上的识别常识 • 说出湖石类主要品种的特点； • 列举常用的硬棱边类石景材料的特点； • 熟悉原石类主要品种的特点。 2. 石景材料在景观建筑上的施工工艺常识 • 列举置石与堆山的简要施工工艺及相应的石材配合； • 复述石景材料纹理表现与园林环境的配合要点。 • 了解GRC假山造型的施工工艺。	通过四大名石以及湖石特点分析，培养学生欣赏山石之美，体会古今工艺变迁，传承中国园林叠山理水文化。通过不断加深对中华文明的理解和认识，增强学生的文化自信，从而形成强烈的民族自尊心和民族自豪感。
5. 室外防腐木及辅料识别、小型矮凳家具制作	室外防腐木材料识别 • 能识别樟子松，初步分出其等级； • 能识别南方松，初步分出其等级； • 能识别红雪松，初步分出其等级； • 能识别菠萝格，初步分出其等级； • 能识别炭化木，初步分出其等级。	室外防腐木材料的物理性质及等级标准 • 列举室外防腐木的常规分类； • 解释室外防腐木的理化性质指标； • 概述室外防腐木的等级标准。	通过介绍榫卯技艺，带领学生认识中华民族的传统技艺和智慧结晶，通过介绍建筑界的泰斗——梁思成，使学生认识新中国的建筑大师和工匠精神。榫卯无钉无胶、自然安全，至今仍是人们追求环保生活的首选工艺。
	木作辅助材料识别 • 能识别耐候木油及色浆； • 能分清不同五金构件组成； • 能简单安装两种以上木作五金构件。	室外木作辅助材料基础知识 • 说出木作辅助材料的主要内容； • 说出五金构件的组成； • 说出五金构件的安装方法。	通过木作辅助材料的介绍，培养学生细致耐心的工作态度，重视配件、配料的作用，做好社会建设的一颗"螺丝钉"。

续 表

工作任务	技能与学习要求	知识与学习要求	课程思政知识点
6.给排水与水景管网材料及设备的识别	给排水与水景管网材料及设备识别 • 能识别管材和管件,说明规格大小; • 能识别管网附属设施; • 能识别管网加压设备; • 能识别喷灌工程控制设备; • 能识别管网过滤设备; • 能识别园林喷灌终端材料; • 能识别水池岸坡隔水材料和两类以上防水材料。	1.给排水与水景管网运用常识 • 记住管网布置图各常用图例; • 说出管材和管件、喷灌终端材料的规格常识; • 概述防水材料的基本施工工艺。 2.给排水设备的园艺化处理常识 • 列举不同的给水水栓园艺化处理; • 概述排水井口、散水园艺化处理。	通过给排水材料的应用操作,使学生掌握不同材料对应工艺的规范要求,在实践操作中,体会劳动的辛苦以及技艺获取的艰辛不易,培养学生操作成功的成就感和获得感。
7.供电工程材料与设备的识别	供电工程材料与设备识别 • 能识别庭院灯具及室外照明灯; • 能识别电力管线材料(含护套、电缆); • 能识别电力控制设备。	1.室外用电常识 • 记住灯具、控制设备等绘制图例; • 说明电缆的构造; • 了解供电工程材料质量标准; • 记住电力管线材料使用的安全标准。 2.供电工程材料与设备园艺化处理的常用方法简介 • 概述仿石控制柜的构造特点和运用环境。	通过识别供电工程材料与设备,了解供电工程材料的质量标准,掌握室外用电常识,强化安全防护意识和质量标准意识,贯彻落实习近平总书记提出的把安全生产摆到重要位置,树牢安全发展理念。

四、课程思政教学设计反思

"园林工程材料识别与应用"课程作为专业核心课程,涉及制识图、园林美学、建筑构造、材料使用工艺和经济等多方面的知识。它为后续的园林设计、施工类课程提供必要的基础知识,同时培养学生园林工程材料的综合应用能力以及环境责任、社会责任等。而思政元素包括制度敬畏与自觉遵守,环境保护,珍惜生命,客观、严谨、细致的科学精神,团队协作,发现与质疑,探索精神,创新思维等。因此,在思政元素融入时需要综合考量,根据教学内容和教学设计情况,力求顺势而为、如盐入汤。

(1)注重家国情怀培养。根据课程教学需要,选取改革发展稳定、治党治国各方面取得的巨大成就,分析中国特色社会主义取得伟大成就背后的制度和文化等优势,传播和弘扬中华优秀传统文化和社会主义先进文化,激发学生爱党和爱国的深厚情怀。

(2)符合国家发展主题。建立人与自然和谐相处的生态观,培养维护生态平衡的使命感，正确认识发展中存在的生态环境问题和可持续发展的重要意义。

（3）围绕学科专业内容。专业的形成背景、发展历程、现实状况和未来趋势，特别是所涉及的重大工程和科学技术发展成果、科学实践、科技实践等，挖掘其中所蕴含的使命感、责任感、爱国精神、奋斗精神、开拓精神等思政元素。

（4）紧贴职业发展要求。结合风景园林专业的人才培养特点以及对应的职业要求，从职业素养养成的角度，从职业道德、职业技能、职业行为、职业作风和职业意识等方面，有针对性地挖掘课程所蕴含的育人元素，培养学生的规则意识、劳动精神、工匠精神等。

（5）强调文化传承意识。结合园林工程材料的发展历史，介绍中国古代建筑材料和工匠技艺等辉煌成就，讲好历史与专业故事，引导学生从中发掘价值观，形成正确的判断事物标准和价值追求。

（6）结合热点时事对比。通过挖掘国内外园林工程材料发展和应用形成的对比当中所蕴含的思政元素，教会学生用正确的立场去认识和分析问题，让学生深刻认识世界、理解中国、增强民族自信心和使命感，培养学生有担当、敢作为的奋斗精神。

（7）关注实践体验挖掘。选取学生在实践过程中能够通过身体力行深刻感悟的思政元素，使之内化为学生的精神追求、外化为学生的自觉行动。

"园林制图与识图"课程思政教学设计

一、课程基本概况

授课教师：陈奕霖

课程名称：园林制图与识图

教学对象：风景园林中本贯通专业中职段学生

使用教材：《园林制图与识图》

学分学时：4学分，64学时

课程类别：专业必修课

课程简介："园林制图与识图课程"是园林专业的一门专业基础课程，也是引导学生进入专业思维和空间想象力的入门课程。

二、课程思政育人目标

习近平总书记讲："立德修身，潜心治学，开拓创新。"中国建筑是东方建筑的代表，是中国文化对世界的贡献。我们教育中的劳动教育，彰显出实践性，引导学生学会建设世界。"园林制图与识图"是一门基础性的职业技能必修课，是介绍园林工程图样绘制和识读技能的一门课程，绘制和阅读园林工程专业各类工程图的基本能力，是职业能力中最基本、最重要的一项技能。本课程融合园林制图原理与实践案例，树立文化自信，突出职业道德规范与社会责任，紧紧围绕"制图"与"识图"深入浅出地进行讲解，培养学生扎实的职业技能及严谨细致的工作作风。

三、课程思政教学与对应知识点设计

根据《园林制图与识图课程标准》，"园林制图与识图"大纲中与课程思政结合的在教学中具体要点如下表。

知识模块单元	技能与学习要求	知识与学习要求	课程思政知识点
1. 园林平立面(投影)图的识读与绘制(20学时)	1. 识读正投影图 • 能正确识别园林平面图点状图例； • 能正确识别园林平面图直线状图例； • 能正确识别园林平面图平面状图例。	1. 投影的概念 • 说出投影的概念。 2. 投影的类型 • 列举投影的不同类型。	习近平总书记提出的"四个自信"中的文化自信，要求着眼基础知识，以独立自主的精神，把我们民族的文化发扬光大。以中国北京世界园艺博览会园区设计背后的故事为导引，分析四水归堂的设计思路。人们沿屋檐下方的环形走廊游览的同时，仰望檐口的水帘，能够聆听到类似沛雨甘霖跌落池塘时的沙沙声，引发人们对中国建筑文化博大精深的联想，从而引起文化自信的共鸣。分组讨论让学生知道想成为一名合格的景观设计师，需要有"认真、负责、细致"的职业素养，树立"科学、严谨、规范"的职业态度，扎扎实实掌握园林制图与识图课程。
	2. 绘制平面(正投影)图 • 能正确运用尺规绘制点的正投影图； • 能正确运用尺规绘制直线的正投影图； • 能正确运用尺规绘制平面的正投影图。	点、直线、平面正投影的基本规律 • 说出点的正投影规律； • 说出直线的正投影规律； • 说出平面的正投影规律。	
	3. 识读三面正投影图 • 能根据台阶效果图正确识别台阶水平投影面； • 能根据台阶效果图正确识别台阶正立投影面； • 能根据台阶效果图正确识别台阶侧立投影面。	1. 三面正投影图的形成 • 说出水平投影面的形成； • 说出正立投影面的形成； • 说出侧立投影面的形成。 2. 三个投影面的展开 • 简述三个投影面展开原理。	
	4. 绘制立面(三面正投影)图 • 能根据台阶效果图用尺规绘制台阶水平投影面图； • 能根据台阶效果图用尺规绘制台阶正立投影面图； • 能根据台阶效果图用尺规绘制台阶侧立投影面图。	三个正投影图相互关系 • 简述三个投影面的相互关系。	引导学生实践见真知。学生有时候想法很好，但只有通过实践，才能遇到问题和解决问题，在实践的过程中不断反馈问题，才能获得真正的进步。
	5. 识读花架设计图 • 能根据花架设计图正确识别花架的柱、梁、花架片位置； • 能根据花架设计图正确识别花架的柱、梁、花架片构造工艺； • 能根据花架设计图正确识别花架的柱、梁、花尺寸。	园林图纸内容 • 记住园林图纸包含内容：图框、标题栏、设计图、标注、图名、指北针、比例、文字说明。	讲授制图基本标准时，解读国家颁布的《房屋建筑制图统一标准》，让学生清楚行业规范、标准的相关要求，从而明确职业规范和职业道德。
	6. 绘制花架平立剖面图 • 能根据花架三维模型绘制花架平立剖面图； • 能根据实际尺寸和图幅大小正确换算比例； • 能按花架尺寸正确进行标注。	园林图纸绘图要求 • 说出园林图纸图线绘制要求； • 说出园林图纸比例换算要求； • 说出园林图纸标注及文字书写要求。	引导学生了解花架设计图的基本知识。融入思政点：要从小事做起，从细微处入手，有意识培养学生的良好习惯，久而久之，习惯就会成为一种自然，即自觉的行为。

续　表

知识模块单元	技能与学习要求	知识与学习要求	课程思政知识点
2. 园林设计图的识读与绘制（16学时）	1. 识读园林平立面图设计要素 • 能根据园林平立面图识别植物、山石、建筑、水体、道路、小品等园林要素； • 能根据园林平面图例正确识别园林要素的相对位置。	1. 园林设计要素 • 列举园林设计要素包含内容：植物、山石、建筑、水体、道路、小品等。 2. 园林植物平面图类型 • 列举园林植物平面图的类型。	以中国古典建筑单檐八角亭为例，讲解图纸的同时，也了解到我国传统工艺博大精深，由此加强学生的文化自信与价值观自信。
	2. 绘制园林设计要素 • 能根据风景园林图例图标标准正确绘制植物、山石、建筑、水体、道路、小品平面图； • 能根据风景园林图例图标标准正确绘制植物、山石、建筑、水体、道路、小品立面图。	1. 园林植物平立面图表现方法 • 说出园林植物平立面图表示方法。 2. 园林山石平立面图表现方法 • 说出园林山石平立面图表示方法。 3. 园林建筑平立面图表现方法 • 说出园林建筑平立面图表现方法。 4. 园林水体平立面图表现方法 • 说出园林水体平立面图表现方法。 5. 园林道路平立面图表现方法 • 说出园林道路平立面图表现方法。 6. 园林小品平立面图表现方法 • 说出园林小品平面图表现方法。	在园林工程施工图识读实践中，既要端正学生遵循实事求是、循序渐进的科学态度，又要遵循事物普遍联系的规律，整体考虑，教育学生在识读图纸时，养成仔细认真的工作作风和习惯，以及在发现问题后能及时沟通的职业操守。
	3. 识读庭院总平面图 • 能根据图名、比例、设计说明、指北针等理解庭院设计意图； • 能根据等高线和水位线计算地形高差； • 能根据坐标或尺寸确定各园林要素位置。	1. 园林总平面图内容 • 列举园林总平面图内容。 2. 园林总平面图用途 • 列举园林总平面图用途。 3. 等高线概念和特点 • 说出等高线概念； • 列举等高线特点。	结合课程特点，在教学过程中，合理利用教学设备和教学手段，通过对教学内容的梳理、挖掘，将专业知识中所蕴含的家国情怀、道德情操、科学发展观等思政元素有机融入课堂教学实践中，以科技创新为中心的大国工匠精神，达到润物细无声的育人效果。
	4. 抄绘庭院总平面图 • 能根据示意图正确绘制园林要素平面图； • 能根据示意图正确编制图例说明； • 能根据示意图正确标注定位尺寸或坐标网。	园林总平面图绘制要求 • 说出园林要素表现线型特征； • 简述直角坐标网特点。	在图纸分析的过程中，培养学生敬业、精益、专注、创新等方面的"工匠"精神。

续 表

知识模块单元	技能与学习要求	知识与学习要求	课程思政知识点
2.园林设计图的识读与绘制（16学时）	5.识读庭院种植设计图 • 能根据庭院种植设计图正确识别植物种类及种植位置； • 能根据庭院种植设计图正确统计植物规格和数量。	1.园林种植设计图内容 • 列举园林种植设计图内容。 2.园林种植设计图用途 • 列举园林种植设计图用途。	帮助学生克服绘制施工图过程中的畏难情绪，培养学生严以律己、知难而进的意志和毅力，对技术精益求精的良好职业品质。
	6.抄绘庭院种植设计图 • 能根据示意图正确绘制植物图例； • 能根据设计意图正确标注植物名称； • 能根据示意图正确绘制植物统计表。	1.园林种植设计图绘制要求 • 简述园林种植设计图绘制要求。 2.植物统计表 • 说出植物统计表包含的内容。	《洛阳名园记》中天下兴衰与造园发展的表述，传统园林综合体现中国社会、经济、文化以及技术能力，是中华传统文化的重要载体。
	7.识读庭院地形设计图 • 能根据庭院地形设计图识别建筑、山石、道路高程； • 能根据庭院地形设计图识别排水方向； • 能根据庭院地形设计图计算排水坡度。	1.园林地形设计图内容 • 列举园林地形设计图内容。 2.园林地形设计图用途 • 列举园林地形设计图用途。	介绍中国传统园林设计对西方文化的影响，树立民族自信心。
	8.抄绘庭院地形设计图 • 能根据示意图正确绘制等高线； • 能根据示意图正确标注建筑、山石、道路高程； • 能根据示意图正确标注排水方向和坡度。	园林地形设计图绘制要求 • 简述园林地形设计图绘制要求。	学习刘敦桢《苏州古典园林》的制图过程，通过设计实践，结合已学习的传统园林和传统建筑相关知识，进行复杂场地的设计图抄绘，加深对传统文化的理解，传承中国优秀园林文化。
3.园林施工图的识读与绘制（20学时）	1.编写图纸目录 • 能根据图纸内容标注图号； • 能根据图纸内容编写图纸目录。	图纸目录内容及要求 • 列举图纸目录包含的内容； • 简述图纸目录编写要求； • 简述图号标注要求。	引导学生深刻理解并自觉实践园林设计行业的职业精神和职业道德，将个人、国家、社会的利益及价值融为整体。
	2.绘制索引和详图符号 • 能根据图面布局绘制索引符号； • 能根据图面布局绘制详图符号。	索引和详图符号内容及要求 • 列举索引和详图符号包含的内容； • 简述索引和详图符号标注要求。	引导学生思考园林设计师的社会职责，树立良好的公众意识和社会责任感，自觉弘扬中华优秀文化，将社会主义核心价值观化为内在精神动力。
	3.识读剖面、断面图 • 能根据设计内容选择剖面图位置及剖视方向； • 能根据设计内容选择断面图位置及方向。	1.剖面图的内容 • 列举剖面图包含的内容。 2.断面图的内容 • 列举断面图包含的内容。	通过苏州园林的案例学习，结合已学习的传统园林和传统建筑相关知识，加深对传统优秀文化的理解。

续　表

知识模块单元	技能与学习要求	知识与学习要求	课程思政知识点
3.园林施工图的识读与绘制（20学时）	4.绘制剖面图、断面图 • 能根据园路平面图绘制园路结构剖面图； • 能根据平面图等高线正确绘制微地形断面图。	1.剖面图绘制要求 • 简述剖面图绘制要求。 2.断面图绘制要求 • 简述断面图绘制要求。	通过中国传统园林的造园六法，引导学生通过施工图表达、利用空间思维的认知方式来表达文化内蕴和理念。
	5.识读土建施工图 • 能识读园林建筑材料的图例； • 能识读广场施工图； • 能识读园林小品（坐凳）施工图。	施工图的内容 • 列举施工图包含内容。	精美华丽的铺装是中国古典园林的一大特色，除了组织交通的基本功能外，还具有丰富的文化内涵。园林铺地优美的形式、精致的图案、丰富的寓意赋予了园林一种诗意的淡雅氛围。
	6.绘制土建施工图 • 能根据广场平面图绘制广场施工图； • 能根据园林小品（坐凳）平立面图绘制施工图。	施工图绘制要求 • 简述园林施工图绘制要求。	我国古代园林工匠进行园路铺装施工时，注重对铺装材料、工艺、细节的把握，每一块材料经过严格筛选，精细施工，创造出无穷变幻的图案，体现了工匠们的精妙技艺与创新思维。
	7.识读电气图及给排水图 • 能根据图纸识别电气材料； • 能根据图纸识别给排水材料。	电气图及给排水图内容 • 列举简单电气图包含内容； • 列举简单给排水图包含内容。	通过与工程伦理相关的案例分析，融入诚信、质量安全、工程价值观等思政元素，可以有效帮助学生形成正确价值观和良好职业道德。
4.园林效果图的识读与绘制（8学时）	1.识读庭院效果图 • 能正确识别庭院效果图表达内容； • 能根据透视原理正确找到透视点和视平线。	1.效果图分类 • 列举园林效果图类型。 2.透视原理 • 描述一点、两点透视原理。	通过学生解说作品，提升审美情趣和对生活艺术的热爱，锻炼与强化同客户进行沟通交流的能力。
	2.抄绘庭院效果图 • 能抄绘庭院效果图（墨线、色彩）。	园林效果图绘制要求 • 简述园林效果图绘制要求。	通过学期课程回顾知识技能以及技能训练的全过程，把学生的能力培养从课上延伸到课下，提升学习效果。

四、课程思政教学设计反思

在课程教学中注重融入爱国精神、职业道德、劳动精神、工匠精神等,给予学生正确的价值取向引导,以此提高学生缘事析理、自主学习能力、创新能力、职业道德素养,使学生养成遵守标准和遵纪守法的习惯,培养良好的职业道德素养。

"园林绿地养护"课程思政教学设计

一、课程基本概况

授课教师： 周琪琦

课程名称： 园林绿地养护

教学对象： 风景园林中本贯通专业中职段学生

使用教材： 《园林绿化养护从入门到精通》

学分学时： 4学分，72学时

课程类别： 专业必修课

课程简介： "园林绿地养护"是风景园林专业的一门专业拓展课程，本课程以园林绿地养护项目为线索，包括园林绿地肥水的管理、园林乔灌木的修剪和各种绿地类型的养护管理、编制养护年月日历及古树名木的养护和自然灾害的应对等学习内容。本课程是园林植物栽培和绿化施工的后续课程。学习和掌握园林绿地养护技术，对城市绿化建设的完成具有重要实践意义。

二、课程思政育人目标

通过本课程学习，学生能够掌握园林绿化养护的基本技术，掌握各种类型绿地的日常养护、基本方法及安全操作技术规则。在完成本专业相关岗位的工作任务中，挖掘专业课所蕴含的文化内涵和时代价值，对学生的思想和行为进行价值引导，把社会主义核心价值观融入课程教学过程中，充分发挥课程的德育功能，培养学生诚信、刻苦、善于沟通和合作的品质，树立全面、协作和团结意识，培养学生良好的职业道德，为发展职业能力奠定良好的基础。

三、课程思政教学与对应知识点设计

知识模块单元	知识传授和能力培养要点		课程思政知识点
	技能与学习要求	知识与学习要求	
1. 园林绿地水的管理(8学时)	• 会正确判断绿地土壤和植物是否缺水; • 能选用合适的灌溉方式和时间对绿地进行浇灌; • 能正确使用抽水泵; • 能正确判断浇水程度; • 能正确判定绿地是否存在涝灾,是否需要排水; • 会采用不同的方法预防夏涝和及时排水。	• 简述灌溉类型的分类; • 简述抽水泵的使用方法;注意灌溉过程中的环境保护和资源节约; • 简述常用园林排水的方法; • 说出排涝过程的环境及安全注意事项。	1. 介绍我国淡水资源情况,我国的淡水资源总量为 28 000 亿立方米,占全球水资源的26%,名列世界第六位。但是,我国的人均水资源只有 2 300 立方米,仅为世界平均水平的1/4,是全球人均资源最贫乏的国家之一。再结合现在由于气候变化,人类不合理的利用及工业污染等造成诸多水资源的问题,引出保护水资源人人有责,重视水资源的保护是当下环境保护的一大重点。 2. 为贯彻落实党的十九大精神,加快生态文明体制改革,建设美丽中国决策的重要举措,践行绿色发展理念,推进生态文明的实际行动,我国在 2018 年底全面推行"河长制",建立河流治理长效机制,严把水污染防治关,加强水资源保护。
2. 园林绿地肥料的管理(8学时)	• 能根据园林植物外部形态特征判定植物的缺素症; • 能根据绿地状况正确选用肥料种类和施肥方法; • 能根据不同的肥料类型综合施肥。	• 简述常见缺素症的判定方法; • 简述常见化学肥料的组成; • 简述叶面肥的作用机理和使用方法; • 简述化肥的保管注意事项; • 简述化肥使用过程中的环境保护注意事项。	1. 介绍我国土壤肥料科技工作的成就、中国劳动人民对土壤肥料乃至农业作出的实践和理论的重大贡献,激发学生民族自豪感,培养爱国主义情怀。 2. 介绍新型肥料的发展趋势,培养学生的科学思维和创新意识。 3. 结合施肥与植物生长发育与人类健康的关系,让学生了解过量施肥对农业产品品质及人类健康的危害,树立环保意识,培养对生命的敬畏意识。
3. 园林绿地杂草管理(8学时)	• 能识别常见杂草; • 能根据不同杂草类型采取相应防除措施; • 安全使用除草剂。	• 掌握常见杂草特征; • 掌握杂草的分类及代表性杂草; • 掌握杂草防除的方法; • 了解除草剂的分类及药效; • 掌握除草剂的安全注意事项。	1. 介绍各类杂草的生物学特性、识别特征以及生态功能与价值意义,提升学生对杂草类植物的鉴赏能力,培养学生对草类植物认知的科学素养,打破对杂草的偏见,能用辩证的思维去看待各类杂草。 2. 正确认识各类除草农药,引导学生科学应用辩证唯物主义和科学发展观去认识农药。

续 表

知识模块单元	知识传授和能力培养要点		课程思政知识点
	技能与学习要求	知识与学习要求	
4. 园林绿地中常见乔木修剪(12学时)	• 会选择乔木修剪的时期； • 能正确使用乔木修剪工具； • 会进行常见乔木的修剪； • 工完场清。	• 简述乔木修剪的方法； • 简述乔木修剪过程中的安全和环保注意事项。	1. 对树体结构有清晰的认识，根、茎、叶、花、果实、种子等，每个部分都发挥着不同的作用，贡献着自己的力量，犹如全体中国人民在正确的道路上坚守岗位、艰苦奋斗、勇于奉献。以此激发学生要不断充实自己，发奋努力，响应时代号召，做一个对社会有价值的人，增强具有"请党放心，强国有我"的担当与决心。 2. 运用正确的修剪方法，通过合理的修剪，调节树木地上与地下的生长、树木的营养和生殖生长等各种矛盾，促进健康树木的可持续发展，进一步构筑绿色生态网络。让学生充分认识到园林树木在建设绿水青山中的重要性，把习近平总书记的"绿水青山就是金山银山"的发展理念传给学生，增强学生守护祖国大好河山的责任感和使命感。
5. 园林绿地中常见花灌木修剪(12学时)	• 能根据花灌木生长时期和生长状况进行修剪； • 会对木槿、石榴、垂丝海棠、紫叶李等常见花灌木进行长年修剪养护。	• 简述常用花灌木修剪方法； • 说出花灌木修剪的程序和顺序； • 简述花灌木修剪过程中的安全和环保注意事项。	1. 园林树木是中国园林的重要组成部分，无论是群落还是单体，都讲究"美"，讲究有景可观。有了整形修剪的基本理论知识，懂得了树木构图成形的一些美学原理，即可因树修剪，因形设施，不拘泥于某些格式，即"有法而无式"，看上去舒服的，给人以愉悦感的，那就是成功。以具体树木修剪为例，引导学生体验园林艺术美，培养学生的审美意识，提高学生感受美、鉴赏美和创造美的能力。 2. "三分种，七分养"，园林绿地后期养护工作十分重要。例举"最美园林人"先进事迹，强化专业思想，激发学习兴趣，培养学生做一个"爱岗敬业"园林人。
6. 草坪养护(8学时)	• 能正确选择草坪修剪时期； • 会用割灌机或草坪机等对草坪进行修剪； • 能正确判断草坪板结和生长状况；	• 简述草坪修剪的三分之一原则； • 简述草坪修剪过程中的安全和环保注意事项； • 简述草坪打孔机的使用方法；	1. "野火烧不尽，春风吹又生""不卑不亢""默默无闻，甘于奉献""向下深深扎根，向上蓬勃生长"。看似一棵平凡的小草，却蕴含着强大的力量，培养学生勇敢、坚强、执着坚毅、脚踏实地的品格，树立正确的价值观。

续 表

知识模块单元	知识传授和能力培养要点		课程思政知识点
	技能与学习要求	知识与学习要求	
6.草坪养护(8学时)	• 能选择合适的草坪交播时间; • 能正确选择合适的交播草种; • 能正确进行草坪交播。	• 简述草坪交播的方法和时间。	2.草坪养护实践环节,需要团队合作、风吹日晒,让学生树立吃苦耐劳、坚韧不拔的意志品质,增强团队合作意识,培养良好的职业素养。
7.古树名木保护(8学时)	• 会对古树名木的生长条件、生长状况、病虫害等情况进行调查; • 能根据立地条件就地采取措施保护古树名木; • 会对古树名木树洞采取正确的补洞措施。能根据古树名木生长状况提出更新复壮措施。	• 简述古树名木的定义和分级; • 简述古树名木保护的意义; • 简述常用树木调查方法; • 简述常用古树名木的保护措施; • 简述古树名木保护和补洞过程中的安全环保注意事项; • 简述常用古树名木更新复壮的措施。	1.中国是历史悠久的文明古国,在园林领域成就辉煌,有着"世界园林之母"之称。介绍古树的历史和背景,弘扬中华传统文化,提升学生民族自豪感。 2.城市环境和植物生长发育有着密切的相关性,结合环境的现状与古树名木自身的情况,引出习近平总书记提倡的生态文明建设是当代园林的历史使命这一主题,让学生具有使命感和责任感,在新时代实现自我价值。
8.灾害天气防护技术(8学时)	• 能根据绿地情况制定防台措施预案; • 能根据台风危害情况制定绿地补救办法; • 能根据绿地情况制定防寒防冻措施; • 能根据绿地冻害情况采取相应补救措施。	• 简述台风的分级; • 简述常见的防台措施; • 简述常用的防寒防冻方法。	正确处理人与自然的关系,树立尊重自然、顺应自然、保护自然的生态文明理念,实现人与自然的和谐发展,才可能减免自然灾害或最大限度减少灾害造成的损失。从自然灾害视角审视生态文明的重要性,引导学生树立生态文明观,形成节约资源、低碳生活的生活理念和方式。

四、课程思政教学设计反思

根据"园林绿地养护"课程特点,充分挖掘该课程所蕴含的丰富的思政元素,使之与课程有机融合。

(一)思政元素彰显社会主义核心价值观

"富强、民主、文明、和谐"是我国社会主义现代化国家的建设目标,"自由、平等、公正、法制"是对美好社会的表达,"爱国、敬业、诚信、友善"是公民的基本道德规范。这些中国特色社会主义核心价值观,在教学过程中应该着重渗透。

(二)思政元素涵盖每个教学任务

"园林绿地养护"总共八个教学任务点,把思政元素进行归类:第一任务点是"注重水资源保护、生态环境保护,培养环保意识,提升科学素养";第二任务点是"提升民族自豪感、科学思维和创新意识、环保意识,敬畏生命";第三任务点是"科学应用辩证唯物主义和科学发展观去认识事物";第四个任务点是"请党放心,强国有我;增强守护祖国大好河山的责任感和使命感";第五个任务点是"培养学生的审美意识;培养爱岗敬业";第六任务点是"学习小草精神;培养吃苦耐劳、团结合作的职业素养";第七任务点是"生态文明建设";第八任务点是"崇尚自然,敬畏自然"。

(三)教学方法力求适当、新颖

采用不同的思政方法贯穿整个教学,可采用案例分析法、内涵挖掘法、引申推导法等,从不同方面分析引导挖掘先进思想、高尚情操来教育、引导学生,培养学生勤奋学习、奋发向上的精神,帮助学生树立正确的价值观和世界观。

"园林植物病虫害防治"课程思政教学设计

一、课程基本概况

授课教师： 马波

课程名称： 园林植物病虫害防治

教学对象： 风景园林中本贯通专业中职段学生

使用教材： 《园林植物病虫害防治》

学分学时： 4学分，72学时

课程类别： 专业必修课

课程简介： "园林植物病虫害防治"课程是中本贯通风景园林专业的一门专业核心课程，是从事园林技术工作人员的必修课程。通过本课程学习，学生能掌握园林植物病虫害基础知识，识别上海地区常见的病虫害种类，了解重要病虫害的发生发展规律，熟悉常规的病虫害防治方法，能针对常见园林植物病虫害提出防治措施，掌握常用农药种类及施用技术，具备从事园林植物病虫害防治工作的基本职业能力。本课程以园林植物、土壤肥料等先导课程为基础，为园林植物栽培养护、花卉生产技术、苗木生产技术、园林规划设计等后续课程提供依据。本课程主要任务是使学生掌握两大部分内容，一部分是昆虫、病害、防治的基础知识，另一部分是各类病虫害的调查及防治方法。学生能否学好本课程将直接决定学生能否胜任园林养护等工作岗位。

二、课程思政育人目标

本课程坚持立德树人的根本任务，紧紧围绕生态文明建设，深挖思政融合点，有机融入马克思主义生态观、辩证法和实践论，将绿色思维、生态思维、人文思维、环保思维、安全思维、经济思维、创新思维、哲学思维等融入教学，与病虫害防治的专业理论与实践有机融合，引导学生树立正确的病虫害防治价值观，培育学生的园林情感，养成良好的园林行为,形成客观的辩证思维,培养有素养、有技能的"两有"专业园林人才。

三、课程思政教学与对应知识点设计

在病虫害防治的过程中,由于化学农药、化肥、农用地膜等的过量使用,引起了日益严重的农残超标、土壤污染、有益生物减少等破坏生态环境和威胁人类健康的问题。在生态文明建设视阈下,以有害生物综合治理为核心的可持续发展思想和马克思主义生态观,在协调人与自然的关系、解决农林生产中的问题、保护国家生态安全等方面发挥着越来越重要的作用,是践行"绿水青山就是金山银山"绿色发展理念的关键。本课程思政教育主要指标点有:(1)绿色思维。"绿水青山就是金山银山。"绿色思维是一种秉承绿色理念,实施绿色发展战略,谋求人类与自然和谐协调、社会经济可持续发展,追求绿色增长的思维方式。病虫害防治课程中蕴含着丰富的绿色思维,充分利用课程优势,深挖与构建绿色思维相关的思政融合点,不断增强学生的绿色环保意识,使学生树立绿色思维的生态发展理念和可持续发展理念。(2)生态思维。生态思维是以唯物辩证思维方法与生态哲学思维方法来自觉审视和积极思考人与自身生存发展其中的自然界,特别是生态环境之间的复杂关系,并以人和自然生态环境的协同进化与和谐发展为价值取向的现代思维方式。病虫害防治课程中的生态思维主要体现在整体统一性、多样丰富性、开放循环性、有限与无限相统一等。(3)人文思维。习近平总记指出:"要善于从中华优秀传统文化中汲取治国理政的理念和思维,广泛借鉴世界一切优秀文明成果。"职业教育的职能不仅仅是传授专业技能,更重要的是塑造和培养学生的人文素养。(4)安全思维。病虫害综合防治的重要原则是安全原则。要充分考虑到病虫害防治工作对整个生态系统的影响,针对不同的防治对象,协调选用一种或几种有效的防治措施,各项措施协调运用,取长补短,提高防治效果,将对园林生态系统的不利影响降到最低。同时强化安全意识,严格遵守施药规范,加强施药防护,确保人畜等的安全。(5)经济思维。园林生产的主要目的是取得经济效益,在病虫害防治过程中要充分考虑到生产者的经济效益。因此进行病虫害综合防治的目标是以最少的人力、物力投入,控制病虫的危害,获得最大的经济效益。(6)哲学思维。病虫害防治课程中蕴含了丰富的唯物主义哲学思想,如马克思主义生态观、生态道德观、生态伦理观、辩证法和实践论等内容均有体现,通过将专业内容和哲学内容的有机融合,可有效地锻炼学生的哲学思维,起到"润物细无声"的教育作用。(7)创新思维。一场以环境保护为宗旨、绿色技术创新为龙头的绿色革命正悄然兴起,涉及绿色能源、绿色工艺、清洁工艺和绿色产品等绿色技术和绿色产品生产的技术创新,因此在病虫害防治课程的教学过程中,要加强学生创新思维和创新能力的培养与构建。"园林植物病虫害防治"课程以专业教育模块化

为关键,进行教学知识单元、知识要点、思政知识点与教学案例的四配设计(见下表)。

"园林植物病虫害防治"课程共设计"昆虫识别技术""病害诊断技术""农药的施用"和"园林植物病虫害综合防治技术"4个模块、9个知识单元、若干专业知识点和思政知识点,将专业知识点与课程思政知识点无缝衔接在每一节课堂上,随着专业教学的深化,不断扩展思政教育,实现课程思政培养目标,服务于建立和谐人居、绿色发展和可持续建设的人类命运共同体的国家战略。

知识模块单元	知识传授和能力培养要点		课程思政知识点
	技能与学习要求	知识与学习要求	
1. 昆虫识别技术(16学时)	1. 昆虫的外部形态鉴别 • 能够正确描述昆虫成虫的外部形态特征; • 能填写昆虫基本构造观察记录表。	1. 昆虫的外部形态鉴别 • 掌握昆虫各体段的基本构造和附器; • 认识昆虫纲外部形态的基本构造。	培养哲学思维。"实践是检验真理的唯一标准",加大实践教学的比例,创设真实的学习情景,采用任务驱动、理实一体化教学,让学生在学中做、做中学,不断提高学生的实践动手能力、分析问题与解决问题的能力,使学生懂得实践的重要性和必要性。在实践教学过程中,不断强化技术操作的规范性、统计数据的客观性和真实性,使学生坚持实事求是的原则。
	2. 昆虫的虫态与种类鉴别 • 能辨识昆虫的虫态; • 能根据昆虫各目的特征,将昆虫分类到目或科。	2. 昆虫的虫态与种类鉴别 • 记住昆虫的发育历程和特点,认识昆虫的虫态类型; • 归纳昆虫分目的依据,说明昆虫各目的特点。	1. 培养人文思维。以蝴蝶的破茧成蝶为例启发学生,要像蝴蝶一样,懂得蛰伏,积极克服困难、不懈奋斗、积蓄力量,破茧成蝶,实现人生的蜕变。引入"物竞天择,适者生存"的自然规律,启发学生要熟练掌握生存技能,学会保护自己,适应社会发展。 2. 引入达尔文的"物竞天择,适者生存"的自然规律,强调竞争是自然法则,是普遍客观存在的,我们必须要尊重规律,按规律办事,不断提高个人的生存技能,才能适应社会和自然的发展。
2. 病害诊断技术(12学时)	1. 植物的病害鉴别 • 能够正确描述病害的病状与病症; • 能对病害进行分类; • 能识别植物病害症状。	1. 植物的病害鉴别 • 了解并说明病害症状的分类; • 归纳病害常见的症状类型; • 了解并说明病害的分类。	1. 培养哲学思维。在讲解病害概念时,强调病害必须有病理程序和经济损失,辩证地分析"病而无害"和"病而有害",例如茭白是病吗?需要防治吗?韭黄呢?科学地判断病害,从而培养学生的辩证思维。 2. 树立经济思维。考虑投入与产出的关系,采取适当的防治措施,提高经济效益。列举茭白等都是因植物生病引起的,但是这些植物有些成了美味佳肴,经济价值反而大大提高,因此这些一般不作为病害处理。

续 表

知识模块单元	知识传授和能力培养要点		课程思政知识点
	技能与学习要求	知识与学习要求	
2.病害诊断技术（12学时）			3.培养生态思维。根据自然界是有机联系的整体这一整体统一性观念，明确植物、病原、环境三者之间相互依存、相互制约的本质，它们的发生和消长又与其共同所处的生态环境的状态密切相关。因此三者相互依存、缺一不可，病害的发生需要三者相互配合才能发生。
	2.植物病害的发生发展 • 能根据病原物的类型判断出侵染过程的类型和特点； • 能判断和识别不同病害的越冬和传播； • 能正确判断病害的病原类型。	2.植物病害的发生发展 • 概述真菌、细菌、病毒等主要病原物的特点； • 了解病原物侵入植物的侵染过程； • 了解病害流行的过程，包括越冬、传播等。	培养人文思维。通过真菌在不良环境中进行有性繁殖，产生抗逆性较强的有性孢子，从而使真菌能够适应不同的生活环境的特点，启发学生要像真菌一样，遇到恶劣环境，要学会与环境作斗争，不断适应环境，不畏艰难，百折不挠，为实现自己的目标而勇往直前。
3.农药的施用（8学时）	1.农药的质量鉴别 • 能对农药进行外观鉴别； • 能判断农药的物理质量。	1.农药的质量鉴别 • 记住并复述农药的类型； • 了解农药的剂型； • 明确常见农药理化性状特点。	1.培养哲学思维。"实践是检验真理的唯一标准"，加大实践教学的比例，创设真实的学习情景，采用任务驱动、理实一体化教学，让学生在学中做、做中学，不断提高学生的实践动手能力、分析问题与解决问题的能力，使学生懂得实践的重要性和必要性。在实践教学过程中，不断强化技术操作的规范性、统计数据的客观性和真实性，使学生坚持实事求是的原则。 2.培养创新思维。加强学生创新思维和创新能力的培养与构建，介绍农药的新剂型、新类型和第四代新型农药。例如展示目前我国处于国际领先地位的第四代新型农药"氨基寡聚糖"等无毒农药的特点和开发过程，培养创新思维。
	2.施用农药 • 能安全、合理地施用农药； • 能进行稀释计算； • 能判断农药对环境的影响。	2.施用农药 • 记住并复述农药浓度的表示方法； • 掌握农药质量的简易检测方法； • 学习阅读农药标签和使用说明书。	培养安全思维。通过有机氯杀虫剂为什么被禁用等典型案例，分析农药在食物链中的生物富集作用和对环境的污染，引出保护生态环境和安全科学使用农药的重要性。分析超量过量使用农药的危害，使学生全方位了解化学农药的危害，进一步激发学生的环境保护意识和树立安全思维。大力推广使用生物制剂，选择高效、低毒、

续 表

知识模块单元	知识传授和能力培养要点		课程思政知识点
	技能与学习要求	知识与学习要求	
3.农药的施用（8学时）			低残留的农药，选择合适的药剂和准确的使用浓度，防治人员必须严格按照用药的操作规程、规范工作，确保对人、畜、天敌、植物及其他有益生物的生命安全。
4.园林植物病虫害综合防治技术（36学时）	1.病虫害综合防治 • 能辨认检疫对象； • 能正确实施检疫技术； • 能列举园林技术防治的措施； • 能正确使用园林技术防治病虫害； • 能列举物理防治的措施； • 能正确使用物理防治技术防治病虫害； • 能列举生物防治的措施； • 能正确使用生物防治技术防治病虫害； • 能根据化学防治的特点和农药的施用技术，正确使用化学防治技术防治病虫害。	1.病虫害综合防治 • 掌握植物检疫的概念； • 明确植物检疫的重要性； • 理解园林病虫害防治特点； • 了解并说明物理防治的概念及其特点； • 了解并说明生物防治的概念及其特点； • 了解并说明化学防治的概念及其特点；	1. 培养绿色思维。引入"绿色植保、公共植保"理念，分析开展"绿色植保、公共植保"的紧迫性和必要性，使学生认识到病虫害工作是人与自然和谐系统的重要组成部分，是园林事业的重要组成部分，重点突出其对园林生产的保障和支撑作用，突出其社会管理和公共服务职能，使学生树立正确的植保理念、具有公共服务意识。 2. 培养生态思维。从生态系统的总体出发，根据病虫和环境之间的相互关系，通过全面分析各个生态因子之间的相互关系，综合考虑生态平衡及防治效果之间的关系，有针对性地调节生态系统中某些组成部分，创造一个有利于植物及病害天敌生存，而不利于病害发生发展的环境条件，从而预防或减少病虫的发生与危害，使学生树立整体统一性的观念，从生态系统的全局出发开展科学、有效、安全的防治工作。 3. 培养安全思维。开展"生物入侵与生态安全"的专题介绍，通过讲解水葫芦、紫茎泽兰、松突圆蚧、草地贪夜蛾等典型入侵生物的危害，使学生认识到生物入侵能严重破坏生态环境，威胁人类健康和制约经济发展，强化生态安全意识，加强植物检疫，预防控制有害生物入侵。 4. 培养经济思维。在病虫害防治过程中要充分考虑生产者的经济效益。因此进行病虫综合治理的目标是以最少的人力、物力投入，控制病虫的危害，获得最大的经济效益。 5. 培养哲学思维。强调自然界是一个统一的有机体，要充分利用生态系统各成分之间的相互依存、相互制约关系，充分发挥自然控制作用，预防或

续 表

知识模块单元	知识传授和能力培养要点		课程思政知识点
	技能与学习要求	知识与学习要求	
4.园林植物病虫害综合防治技术(36学时)			减少病虫的发生与危害,找出相应的防治方法,培养学生的生态思维和唯物主义辩证法的联系观。在讲解化学防治时,着重强调保护有益生物,维持生态平衡和生物多样性;强调科学安全使用农药,避免污染生态环境,造成食品及人体的农药残留,从而促进人与自然的和谐共处。 6.培养创新思维。加强学生创新思维和创新能力的培养与构建,不断引入病虫害防治的新理论、新技术、新方法。
	2.园林害虫综合防治 • 能根据园林植物害虫的形态及被害状识别害虫种类; • 能根据园林植物害虫的生活习性制定和实施综合防治方案。	2.园林害虫综合防治 • 掌握园林植物害虫防治的基本原理; • 了解并说明园林植物害虫的分类,归纳四大类害虫的特点; • 知道本地常见园林植物害虫的种类,说出其危害特点。	1.培养绿色思维。重点推荐虫害的绿色防控技术,加大对绿色农药技术、绿色化肥技术、营养物综合管理技术等的推广和应用范围。尽量减少使用传统化学农药,减少农药污染和农药残留,保护天敌生物和生物多样性,促进园林的可持续发展,实现人与自然的和谐共处。 2.培养经济思维。引入经济受害水平的概念,全面分析病虫害发生量、防治费用与防治效益之间的关系,引导生产者找出最佳的防治适期,把病虫害控制在经济允许水平以下,把防治措施提高到安全、经济、简便、有效的水平上。 3.培养哲学思维。生态价值和生态效益是马克思主义生态观的重要概念。因此,病虫害综合防治时,在重视防治工作经济效益的同时,必须预估、尊重和维护其生态价值和生态效益,保护有益生物,将有害生物控制在经济允许水平之下,而不是彻底消灭,保护生物多样性和维护生态平衡。
	3.植物病害综合防治 • 能根据园林植物病害的危害及症状特征识别病害种类; • 能根据病害的发生规律制定和实施综合防治方案。	3.植物病害综合防治 • 知道植物病害诊断的程序; • 掌握并说明园林植物病害的分类,归纳三大类病害的特点; • 掌握本地常见园林植物病害的种类,记住并复述其危害特点。	1.培养绿色思维。重点推荐病害的绿色防控技术,加大对绿色农药技术、绿色化肥技术、营养物综合管理技术等的推广和应用范围。尽量减少使用传统化学农药,减少农药污染和农药残留,保护天敌生物和生物多样性,促进园林的可持续发展,实现人与自然的和谐共处。 2.培养人文思维。"缺素症的识别

续 表

知识模块单元	知识传授和能力培养要点		课程思政知识点
	技能与学习要求	知识与学习要求	
4.园林植物病虫害综合防治技术(36学时)			与防治"部分,引入李比希最小因子定律,通过测土配方施肥,找出土壤供肥短板,提供合理的施肥方案,减少化学肥料的使用,降低农业污染。再根据最小因子定律,引入木桶原理和个人SWOT分析法,客观分析个人的优势与劣势、机会与威胁,正视自己的劣势和不足,逐步改进自己,促进个人的全面发展,做好个人职业生涯规划。减少面源污染,保护土壤资源,就是绿水青山。 3.培养经济思维。引入经济受害水平的概念,全面分析病虫害发生量、防治费用与防治效益之间的关系,引导生产者找出最佳的防治适期,把病虫害控制在经济允许水平以下,把防治措施提高到安全、经济、简便、有效的水平上。 4.培养哲学思维。生态价值和生态效益是马克思主义生态观的重要概念。因此,病虫害综合防治时,在重视防治工作经济效益的同时,必须预估、尊重和维护其生态价值和生态效益,保护有益生物,将有害生物控制在经济允许水平之下,而不是彻底消灭,保护生物多样性和维护生态平衡。

四、课程思政教学设计反思

课程思政需要建立完整的立德树人目标、逻辑和策略,课程每一个专业知识模块不仅需要完整独立的思政教育切入点,而且需要思政点的体系化,以及逐步进阶的思政教育目标和实施途径。要实现课程思政预期的目标,需要做到以下几方面。

课程专业知识教学模块要明确,才能有效设计课程思政目标。专业知识模块指向越清晰,课程思政点就越加清晰,但专业知识模块过于细化会导致课程思政知识点的碎化,从而缺少整体性和一体化的思政感受,保持适当完整的课程专业模块,有助于形成整体性强的课程思政教育体系。

建立基于过程考核的课程思政实现环节与目标,在整个课程教学中结合课堂学习,并通过网络资源和网络教学平台进行线上学习。课程学习效果主要由课堂出勤、阶段性(对应知识点模块)课程作业和最终考试三种方式相结合。分别占课程学习成绩的15%(专业内容10%,思政结合5%)、45%(专业内容35%,思政结合10%)和40%(专业内容30%,思政结合10%)。

精选高质量教材和品牌化教材就是课程思政教育的体现。选用国家级规划教材、国家重点图书及优秀出版物为教材,凸显教材在课程思政教学中的重要作用,同时积极开发具有本地特色的校本教材和区域教材,凸显为地方社会服务的特点。

教师要准确掌握课程的专业知识,教学要面向学生关心的问题。在课程教学的不同阶段学生会提出不同的问题与困惑,如昆虫是什么?植物病害是什么?什么样的昆虫才算是需要防治的园林害虫?怎么进行植物病害的诊断?用什么方法进行病虫害防治?病虫害防治的依据是什么?这些问题既是专业知识点的教学问题,也是思政教学中的关键问题。这些问题看似简单,但真正完整高水平的思政教学,还是有很长的路要走。

"园林土建工程施工"课程思政教学设计

一、课程基本概况

授课教师： 李双全

课程名称： 园林土建工程施工

教学对象： 风景园林中本贯通专业中职段学生

使用教材：《园林工程》

学分学时： 6学分，94学时

课程类别： 专业必修课

课程简介： "园林土建工程施工"是园林技术专业的一门应用性较强的专业必修课程，它既有理论支撑，又具有很强的实际操作性和职业性。是集工程原理及有关的构造方法、工程设计、施工方法、艺术审美修养的交叉课程。是城市园林建设、城市市政工程建设、房地产绿化配套、新农村环境建设中必不可少的一门实用技术。因此，学好园林土建工程施工对于园林技术专业学生的就业与职业发展都能够起到很好的推动作用。

二、课程育人目标

紧扣课程目标中的"报国情怀、时代风尚、工程伦理、自我成长"四个维度，培养学生在园林工程施工中对待学习、工作的工匠精神。具体表现在做一行爱一行，做一件事就要做得最好，做事情追求突破和敢于突破，力争做得最好，具有爱国情怀和文化自信的工匠精神。工匠精神的科学内涵包括职业道德、职业态度、职业能力、职业价值观等。职业道德主要是指在工作岗位中以集体利益为重，不能因一己之利而损害集体利益；职业态度体现在对待工作积极认真、刻苦钻研，热爱工作和具有一颗乐观向上的心；职业能力是指从事相应的岗位具有的工作能力，包括具备一定的知识储备、一定的协调和沟通能力及突破传统观念的创新能力；职业价值观是在工作职位上的认可度，是不断完善自我、追求完美的态度。

三、课程思政教学与对应知识点设计

"园林土建工程施工"课程思政教育主要途径有：（1）通过"身边的工匠"，理解工匠精神的内涵，形成精神认同。（2）通过规范操作，培养工匠精神，践行精神实质；（3）通过实践创新，突破精神内涵，实现自我成长。围绕育人目标，"园林土建施工"课程以专业教育模块化为关键，进行教学知识单元、技能要点、知识要点、思政知识点与教学案例的匹配设计（见下表）。

知识模块单元	知识传授和能力培养要点		课程思政知识点
	技能与学习要求	知识与学习要求	
1. 园林工程施工套图识读（6学时）	• 能初步识别园林工程施工详图套图。	• 掌握园林工程施工详图套图的结构； • 了解施工图的图例及其所表示的内容。	通过校内参加世赛、全国选拔赛教练和选手等身边工匠的实例，讲授园林工程施工识图过程需要贯穿规范意识和精益求精的工匠精神。
2. 土方工程施工（8学时）	• 能根据图纸及现场情况堆制地形； • 按照施工图纸，利用机械进行微地形堆砌，人工进行细致调整。	• 掌握土方工程的施工程序及操作步骤； • 掌握图的工程分类方法； • 进行土方施工的放线，并设置标桩。	工匠精神首先就是热爱劳动、专注劳动、以劳动为荣的劳动精神。在土方工程施工时，顶烈日、战酷暑、身拉肩扛、灰头土脸是常事，结合土方施工的地形测量、土方调配与运输、挖填方的施工实训示范操作和内容学习培养学生不怕苦、不怕累的工匠精神。
3. 园路工程施工（12学时）	• 能进行园路基础和垫层施工； • 能按照园路施工工艺流程进行常见园路面层的施工； • 会进行园路面层施工质量检测和验收。	• 了解园路的垂直结构和常见园路附属物； • 掌握园路基础和垫层施工程序及操作方法； • 掌握常见园路面层的施工工艺流程及施工方法。	工匠精神要秉承真诚热爱的品性。优秀的工匠，对所从事工作必然有发自内心的真诚和热爱，工作的过程就成为满足兴趣、发挥优长、体现价值的过程，实现了"愿为、能为、善为、乐为"的良性循环。因而能够沉浸其中、千锤百炼。别人看来枯燥乏味、苦不堪言的工作，他却甘之如饴、乐此不疲。这也成为打造精品、创造奇迹的基本条件。中国园林园路铺装、花街铺地等图案精美绝伦、用材有古有今，做工精细，易于上手，富含中式思想和韵味，但要做精做细需要发挥工匠精神。

续 表

知识模块单元	知识传授和能力培养要点		课程思政知识点
	技能与学习要求	知识与学习要求	
4. 花坛和挡土墙施工(12学时)	• 会进行花坛施工； • 会进行挡土墙施工。	• 掌握花坛施工的方法； • 掌握挡土墙施工的方法。	工匠精神中蕴含创新发展的规律。传承延续、改革创新是人类社会发展进步的基本规律。工匠精神也要求因时而变、顺势而为，在不断推陈出新中接续发展。中国园林走向世界，如瑞典的中国宫、法国的红楼、英国公园里的中国塔、慕尼黑的芳华园、瑞士苏黎世的中国园、法兰克福的春华园等，通过展示中国园林走向世界，体会"民族的才是世界的"名句真谛。
5. 木平台施工(12学时)	• 会进行木龙骨施工； • 会进行木平台施工。	• 掌握木平台施工的方法； • 掌握木质材料的应用和维护。	工匠精神的核心要素是创新精神。创新是一个民族进步的灵魂，是一个国家兴旺发达的不竭动力。木质平台一般为全木结构，也有混凝土或金属、石材、人造合成材料等混合搭建的建筑体，平台表面水平，并且多高出所建地。木平台的样式千变万化，学生通过设计与制作木平台，培养创新精神。
6. 园林给排水工程施工(12学时)	• 能对给排水路线进行放线、挖沟； • 能进行盲沟施工； • 能进行明沟施工，会对井盖、阀门等给排水构件进行演示； • 能进行喷灌系统施工。	• 了解园林给排水的施工要点及施工方法、施工标准； • 掌握园林给水工程的组成和布置形式； • 掌握管网的布置要求和要点；掌握园林排水的方式；掌握喷灌系统的施工技术要求。	工匠精神要守持认真执着的态度。态度影响行为，行为产生习惯，习惯形成品性。优秀的工匠，往往视作品如生命，加工制造作品如同孕育新生命一般，充满敬畏和感恩，认真对待、执着追求、慎终如始。世上之事，但凡认真去做，则几无难事；坚持全身心投入地做好一件事，就能打造令人叹服、感动人心的作品。北京故宫博物院利用建筑排水、地表径流、地下暗沟等方式，600年的故宫经历了成百上千次的降雨，如今这些排水系统依然保存完好，无论降雨量多大，从未有过积水之患，是工匠精神认真执着的结晶。
7. 水景工程施工(12学时)	• 能口述水景施工流程； • 能根据图纸施工放线，挖基础、基底及砌水系驳岸施工，进行防水施工，最后试水。	• 掌握水系的种类； • 了解园林水景的不同形式及施工要点、施工标准。	工匠精神要有追求精益卓越的目标。工艺的精进和品质的提升，也意味着自身价值的实现和升级。优秀的工匠总是在改造世界中获取新知，运用新知继续改造世界，从而实现从合格到优秀、从优秀到卓越的不断跨越。我国古代庖丁解牛说的就是臻于化境的技艺。中国赠送援建的加拿大蒙特利尔植物园内的"梦湖园"，该园按明代造园风格设计，湖水与假山为此园

续表

知识模块单元	知识传授和能力培养要点		课程思政知识点
	技能与学习要求	知识与学习要求	
7. 水景工程施工（12学时）			的特色，园中亭台廊榭，处处精雕细刻，上海施工队精益求精的精神，不单让该园成为中加文化交流以及上海与蒙特利尔市的友谊象征，精神也折服了当地人员。
8. 假山工程施工（8学时）	• 能根据图纸介绍山形进行钢筋焊接和铁丝网的绑扎制作塑山钢骨架的流程； • 会进行塑石抹灰、罩面和绘制纹理。	• 掌握园林假山的形式，重点介绍塑山、置石的技巧及施工的标准； • 掌握置石的方式及布置手法。掌握假山的施工步骤和施工方法；掌握人工塑山的方法。	工匠精神要遵循持续改进的路径。事物的发展变化往往不是一帆风顺的，大多呈现螺旋式上升的特征。唯有方向正确、不断改进，才能久久为功、日臻完善。优秀的工匠对作品总是反复斟酌、再三打磨，不满意决不出手。通过明代著名造园师计成所著的《园冶》等案例，结合假山施工过程来体会工匠精神中的持续改进和创新意义。
9. 园林小品工程施工（8学时）	• 会做园林小品预置构件的放线，进行小品基础施工； • 能进行木平台施工； • 能组装预置构件、抹灰、罩面、绘制木纹； • 会刷丙西酸聚氨酯的基本操作。	• 掌握园林小品的形式、布置方式及施工要点、施工标准； • 掌握常见园林小品的施工技术要点； • 掌握木平台的制作技术和方法； • 了解小品混凝土浇筑并养生的流程。	工匠精神要彰显诚信担当的本质。工匠精神代表了优良的技艺和作风。从深层次看，则是敬于所作、忠于所托、慎于所许，体现了对物的诚意、对人的信用、对社会的担当。通过一件件好的作品、一次次好的体验，最终筑起了品牌、树起了口碑、建起了信任。园林施工中的不合格主要体现在建筑执行人员的不负责任，各个环节没有严格把关，对待工作的不认真，出现质量问题直接影响工程项目的验收，严重的还会由质量问题引发一系列连锁反应，造成人员的伤亡，因此要想确保工程质量的合格验收，必须要彰显工匠精神的诚信担当的本质。
10. 园林供电及管线工程（4学时）	• 会根据图纸进行管线的布线。	• 掌握草坪灯等灯具接线方法； • 了解各种管线布置的原则和标准。	园林建设领域是事故风险隐患的行业，一旦出现安全问题就会危及人身性命，在施工中要做好安全防护工作，保障安全措施体系的建立是对他人的负责。在园林供电及管线施工中，结合用电事故实例介绍，培养学生必须具备工匠精神、社会责任心和安全意识。

四、课程思政教学设计反思

工匠精神是技艺高超者的职业操守和价值追求，是人类文明和文化发展的重要内容,具有自身的理论逻辑、历史逻辑和实践逻辑。"园林土建工程施工"课程思政内涵融入工匠精神的教育实践,具有明显的育人效果,是培养学生正能量的有益渠道,对进行传统文化传播和生态文明教育传播具有显著的效果。要实现思政预期的目标,还需要做到以下方面。

建立基于过程考核的课程思政实现环节与目标,在整个课程教学中结合课堂学习,并通过"园林工程施工 AR 仿真"软件进行课后自我学习和提高。课程学习效果主要由课堂出勤与平时表现、阶段性(对应知识和技能点模块)课程考核和最终考评三种方式相结合。分别占课程学习成绩的 20%(出勤与表现 10%,思政结合 10%)、40%(专业考核 30%,思政结合 10%)和 40%(专业考评 30%,思政结合 10%)。

课程思政的本质是立德树人,课程思政的理念是协同育人,课程思政的方法是显隐结合,培养什么人、怎样培养人以及为谁培养人是人才培养的根本问题。人才培养体系涉及教学体系、教材体系、学科体系、管理体系等,贯通其中的是思想政治工作体系。"园林土建工程施工"课程坚持以培育工匠精神为目标,正是要立足于构绘这样一个育人蓝图,通过深化课程目标、内容、结构、模式等方面的改革,把工匠精神同政治认同、国家意识、文化自信、人格养成等思想政治教育导向一起,与各类课程固有的知识、技能传授有机融合,实现显性教育与隐性教育的有机结合,促进学生的自由全面发展,充分发挥教育教书育人的作用。

"设计初步"课程思政教学设计

一、课程基本概况

授课教师： 魏万亮

课程名称： 设计基础

教学对象： 风景园林中本贯通专业中职段学生

使用教材：《园林设计初步》

学分学时： 4学分，72学时

课程类别： 专业必修课

课程简介： 引导学生进入专业思维和创作的入门课程，以设计基础的三大构成为核心，融入园林设计表现的基本理论知识和园林设计表现的技能，能够分析设计要素的形态、色彩、质感、构图、美感等物象特征，进行园林景观要素的表达，能运用三大构成规律进行园林初步设计构图，能进行园林景观设计平面图、立面图、剖面图的表现。

二、课程思政育人目标

发现美、欣赏美、感悟美、体验美和创造美是贯穿课程全过程并实现"立德树人"人才培养目标的重要途径。关注人类生存环境，具有良好的生态环境保护意识和良好的艺术修养。在中国特色社会主义价值观、民族自信文化观和设计美学观的育人思想的指导下，将三大构成理论、构成规律与园林景观要素的综合表现专业培养与设计美学、园林文化自信、园林艺术的思政教育相统一，为培养具备审美素养与园林设计表现理念，适应中国特色社会主义和园林景观建设的发展，富有社会责任感、使命感与园林文化自信的新时期专业设计人才奠定基础。

三、课程思政教学与对应知识点设计

"设计基础"课程思政教育主要指标点有：（1）发扬中华美育思想，发现美、欣赏美、感悟美、体验美和创造美;(2)匠心匠艺之美、增强文化自信;(3)学生热爱生活,激发创新意识,树立爱我中华、热爱家园的家国情怀。围绕育人目标和建设指标点,"设计基础"课程以专业教育模块化为关键,进行教学知识单元、知识技能要点、思政知识点与教学案例的四配设计(见下表),将专业知识点与课程思政知识点无缝衔接在每一节课堂上,随着专业教学的深化,不断扩展思政教育,实现课程思政培养目标。

知识模块单元	知识传授和能力培养要点		课程思政知识点
	技能与学习要求	知识与学习要求	
1. 平面构成(12学时)	平面构成基本形和骨骼的设计制作 • 能进行点线面综合设计; • 能独立设计制作基本形; • 能独立设计制作骨骼。	平面构成的基本形与骨骼两个基本元素 • 说出点线面特征; • 说出平面构成基本形和骨骼的概念及创作要点; • 简述平面构成基本形和骨骼的构成特点。	习近平总书记强调,要全面加强和改进学校美育,坚持以美育人、以文化人,提高学生审美和人文素养。点线面元素相互融合,也相互独立,在把握作品构成规律的过程中,作品的案例学习及创造要大胆探讨,设计中不敷衍草率,不弄虚作假,讲诚信。
	平面构成规律分析及平面构成设计制作 • 能根据重复、近似、特异、发射、渐变、密集等平面构成规律进行平面构成特点分析; • 能进行不同平面构成作品设计制作。	平面构成的逻辑构成规律 • 简述重复、近似、特异、发射、渐变、密集等平面构成的规律和特点; • 说出各种平面构成的创作方法。	
2. 色彩构成(12学时)	色彩构成规律分析及制作 • 能根据色彩色相进行色彩构成特点分析; • 能根据色彩明度进行色彩构成特点分析; • 能根据色彩纯度进行色彩构成特点分析。	色彩构成的基本要素、逻辑构成规律 • 知道色彩构成的基本知识; • 说出色彩的视觉和心理特点。	央视网《联播+》特推出"色彩"海报,描绘出一幅幅绿水青山、碧海蓝天、冰晶雪白、山水林田湖草和谐统一的优美画卷。一起来为改善生活环境作努力,为绿色发展、可持续发展作贡献。在色彩构成的规律和特征中感悟多彩中国之美。
	色彩构成制作 • 能进行色彩推移的设计和制作; • 能进行色彩透叠的设计和制作。	色彩构成的逻辑构成规律 • 简述色彩推移的创作方法; • 简述色彩透叠的创作方法。	
3. 立体构成(12学时)	立体点线面体构成分析 • 能根据立体点、硬线软线、面、体的特点进行构成分析。	立体点线面体构成的类型 • 说出立体构成中立体点、硬线软线、面、体的视觉特性及心理特点。	在学生合作完成立体构成作品的过程中培养学生团队合作精神、责任意识、担当意识和职业道德。围绕着"中国梦""中华传统文化""环保节能"等社会热点话题进行立体构成设计、制作,增强创新能力、文化自信。

续 表

知识模块单元	知识传授和能力培养要点		课程思政知识点
	技能与学习要求	知识与学习要求	
3. 立体构成(12学时)	半立体构成的设计和制作 • 能根据半立体(浮雕)构成特点和规律进行构成设计; • 能根据设计利用不同材料进行半立体构成作品的制作。	半立体构成的规律 • 简述半立体构成(浮雕)特点和规律。	
	立体构成的设计和制作 • 能根据立体构成特点和规律进行构成设计; • 能根据设计利用不同材料进行立体构成作品的制作。	立体构成的规律 • 简述立体构成特点和规律。	
4. 园林景观要素表现(24学时)	园林地形和山石表达 • 能根据等高线分析园林地形; • 能根据地形特点用等高线表达园林地形; • 能根据高程进行标高标注; • 能根据不同石材特点进行山石表达。	园林地形和山石类型和画法 • 列举园林地形的表达方法; • 简述山石的类型及画法。	习近平总书记精辟概括工匠精神的深刻内涵——执着专注、精益求精、一丝不苟、追求卓越。"天下大事,必作于细",在速写过程中要对设计作品保持精益求精、一丝不苟、追求极致的职业品质,即匠心。水彩、彩铅语言是用彩来造型,用色来渲染,烘托出一种氛围,达到一种清新与宜人的环境氛围。色彩的表现可以将园林之中的整体美感全面提升,感悟、享受和体验美。
	园林水体表达 • 能根据水景形式进行规则式水体表达; • 能根据水景形式进行自然式水体表达。	园林水体表达方法 • 列举园林水景类型; • 简述园林水体的画法。	
	园林植物表达 • 能进行针叶树种平面表达; • 能进行阔叶树种平面表达; • 能进行特殊型植物平面表达; • 能进行地被和草坪的平面表达; • 能根据植物形态特点进行植物立面表达。	园林植物的画法 • 园林植物平面画法; • 园林植物立面画法。	
	园路、广场表达 • 能按照园路类型进行平面表达; • 能按照铺装形式进行园路和广场表达。	园路、广场表达 • 简述园路表达类型; • 列举园路、广场常用铺装形式。	

续 表

知识模块单元	知识传授和能力培养要点		课程思政知识点
	技能与学习要求	知识与学习要求	
5.园林景观设计入门(12学时)	园林景观设计分析图表现 • 能根据功能分区进行功能分区表现； • 能根据交通组织进行交通分析图表现； • 能根据设计方法进行园林景观设计泡泡图表现。	园林景观设计分析图类型及特点 • 简述园林景观设计分析图概念及特点； • 知道园林景观设计泡泡图的概念及绘制方法。	融入中国特色社会主义美丽乡村、生态城市、花园、园林城市价值观；设计表现美丽中国背景之下的园林景观景点，体现以人为本，反映地域园林景观特色的、绿色生态、健康向上的价值审美意识，低碳环保、生态宜居的园林景观设计目标。
	园林景观设计图的平、立、剖面图表现 • 能根据园林景观设计图类型与特点，进行平、立、剖面图绘制； • 能进行园林景观设计图的彩铅渲染。	园林景观设计平、立、剖面图表现技法 • 简述园林景观设计平、立、剖面图特点； • 简述平、立、剖面图的表现方法。	

四、课程思政教学设计反思

中华美育思想、文化自信、匠心匠艺、创新意识、家国情怀等作为"设计基础"课程思政教学的核心内容，从本质上就是风景园林中本贯通专业的基础特征和基础能力。课程思政需要建立完整的立德树人目标、逻辑和策略，课程每一个专业知识模块不仅需要完整独立的思政教育切入点，而且需要思政点的体系化，以及逐步进阶的思政教育目标和实施途径。要实现深层次思政预期的目标，需要做到以下三个方面。

（一）以美育价值观教育为主心骨，贯穿教学全过程

课程专业知识教学模块要明确，才能有效设计课程思政目标。发扬中华美育思想，以发现美、欣赏美、感悟美、体验美和创造美为课程思政主心骨，贯穿全部学习模块，不断培养学生的审美情趣，注重专业模块衔接性、整体性，加之美育主心骨的贯通，形成整体性强的课程思政主心骨。

（二）以学生为中心，任务驱动提高学生核心素养

贯彻任务引领教学理念，学生眼、脑、手并用，做中学，从实践到认识再到实践，以具体学习任务为驱动，把价值观培养有机融入课程教学过程之中，并逐渐内化成为学生未来做出园林景观设计的审美与园林设计表现基础。设计创新、设计表现环节是薄弱点，需课后不断练习，提高学生绘图表现力，逐步建立匠心匠艺、创新设计职业素养。

(三)注重过程性评价,六维能力画像评价更客观

建立基于过程考核的课程思政实现环节,形成六个评价维度,围绕设计、创意、技法、美学、主题、环保六个维度,组织学生进行自评、互评、师评、专家在线云评,对学生进行职业素养和职业能力的精准评价,实时反馈学生的学习掌握情况。全面客观的及时评判,让学生查漏补缺有抓手,能力提升有方法;让教师实时跟踪、调整教学策略有依据。

"计算机辅助设计"课程思政教学设计

一、课程基本概况

授课教师： 谢圣韻

课程名称： 计算机辅助设计

教学对象： 风景园林中本贯通专业中职段学生

使用教材： 《计算机辅助园林制图》

学分学时： 4学分，72学时

课程类别： 专业必修课

课程简介： 本课程是一门实践性和应用性较强的课程，学生既要学习计算机辅助设计软件的相关技术和方法，又要结合园林制图的理论和方法将这些技术和方法应用于设计实践，是一门多学科交叉的复合结构的课程。同时本课程涵盖专业面广，知识量大，要针对本专业学生的特点，重点突出与本专业有关的内容进行课程教学。

二、课程思政育人目标

通过本课程学习，使学生逐步养成一丝不苟、严谨的工作习惯；树立质量第一、安全第一的理念，严格遵守园林制图规范；具有生态文明、节能环保、保护环境的意识；逐渐形成不怕累、不怕苦的职业精神；怀有一颗匠心和审美情趣，建立设计让生活更美好的理念。在中国特色社会主义价值观、可持续发展观、民族自信文化观和树立工匠精神等育人思想的指导下，将专业培养与思政教育相统一，为培养具备娴熟工程制图素养与可持续设计理念，适应中国特色社会主义和生态文明建设的发展，富有社会责任感、使命感与文化自信的新时期专业设计人才奠定基础。

三、课程思政教学与对应知识点设计

"计算机辅助设计"课程是一门实践性和应用性较强的课程，学生既要学习计算机辅助设计软件的相关技术和基本方法，还要能够将这些技术和方法应用于设计实践，是一门多学科交叉的复合结构的课程。同时本课程涵盖专业面广，知识量大，要针对本专业学生的特点，重点突出与本专业有关的内容进行课程教学。

整个教学过程突出培养学生的岗位工作能力，按照岗位职业能力的要求，筛选理论知识，因此本课程以培养学生利用CAD绘制园林规划设计图、施工图为目标。把课程学习项目与企业、社会联系起来，进行项目驱动式和任务驱动式教学，通过教师和学生共同参与工作项目，营造真实工作场景和氛围，充分体现职业教育的职业性、实践性和开放性。

思政教育主要指标点有：(1) 解读建立人与自然和谐发展、建设美丽中国的战略目标，坚持绿色发展的可持续发展理念，正确认识中国城镇化建设的现状及发展趋势；(2) 树立正确的人生观和价值观、职业道德与操守，坚持过程就是价值的辩证唯物观，理解公正、守法的重要性，并时时规范自己的行为；(3) 以"国之大者"引领新时代工匠精神，逐渐形成"精益求精"的精神内涵，以国之工匠的榜样，不断激发自我的内驱动力；(4) 具备国际视野和主体文化认同，富有创新精神和文化传承意识，注重工程实践和工程科学化的追求。围绕育人目标和思政教育指标点，"计算机辅助设计"课程以专业教学模块化为关键，进行教学知识单元、知识要点、思政知识点与教学案例的四配设计（见下表）。

根据教学设计理念，将AutoCAD基本知识、园林建筑小品图绘制实例、园林规划设计图绘制实例等融入课程设计。在实训环节，以来自企业真实的典型工作任务为载体，对各学习任务进行进一步的分析细化，设计学习单元。课程共设计"绘图基础""打印输出""平面图制作"3个知识模块单元、7个学习任务、19个知识点，将专业知识点与课程思政知识点无缝衔接在每一节课堂上，随着专业教学的深化不断扩展思政教育，实现课程思政培养目标，服务于坚持绿色发展、建设美丽中国、共同构建人类命运共同体的战略目标。

知识模块单元	能力传授和能力培养要点		课程思政知识点
	技能与学习要求	知识与学习要求	
1. 绘图基础(36学时)	1. 了解AutoCAD软件版本、功能、工作界面及视图 • 能识别AutoCAD软件的不同版本； • 能正确说明AutoCAD软件的功能； • 能正确说出AutoCAD软件的工作界面及各级菜单； • 能正确使用AutoCAD软件的视图界面及图形界限。	1. AutoCAD软件概述 • 说出AutoCAD软件的版本、工作界面及各级菜单。 2. AutoCAD软件的功能 • 简述AutoCAD软件在不同领域的功能。 3. AutoCAD软件的视图界面 • 了解AutoCAD软件视口界面及图形界限的设置方法。	1. 介绍AutoCAD在不同行业的应用，开拓学生视野，了解更多制造业领域。 2. 培养爱国情怀，以超级工程导入，重点引导AutoCAD在我国建设行业的应用，引导学生了解我国建设行业的发展及成就以及科技创新中的应用实践，用正能量的案例激发培养学生使命担当的责任感。

续 表

知识模块单元	能力传授和能力培养要点		课程思政知识点
	技能与学习要求	知识与学习要求	
1. 绘图基础(36学时)	2. 绘制二维平面图 • 能正确运用绘图工具绘制简单图形； • 能正确运用编辑工具对简单图形进行编辑； • 能灵活组合运用绘图及编辑工具绘制图形。	1. 基本绘图工具的应用 • 掌握绘图工具的使用步骤； • 掌握绘图工具的操作要点。 2. 基本编辑工具的应用 • 掌握编辑工具的使用步骤； • 掌握编辑工具的操作要点。	1. 培养精益求精的工匠精神。精确绘制图纸在建设工程中的重要意义，体会失之毫厘、差若千里的道理，图纸上一点小小的错误都会造成巨大的安全隐患。 2. 以中国制造相关品牌等图案绘制设计单元练习，介绍设计的过程及其内涵，润物细无声地进行爱国主义的熏陶，同时为实训练习注入更多内涵，激发学生的学习内驱力。
	3. 设置图层、填充图案 • 能正确根据绘图需要设置图层； • 能灵活运用图层工具； • 能根据园林图纸特点进行图案填充。	1. 图层工具的应用 • 了解图层工具的功能； • 掌握图层工具的使用方法。 2. 图案填充工具的应用 • 掌握图案填充工具的使用方法； • 了解图案填充工具的操作要点。	1. 培养精益求精的工匠精神。通过介绍规范整齐的图层整理在图纸中的应用，使学生树立严谨规范的意识。 2. 培养勇于探索的创新意识，通过绘图实践，引领学生探究图块如何在绘图中起到高效省时的作用，激发学生自我探究式学习的能力，培养学生勇于探索的精神。
2. 打印输出(16学时)	1. 输入文字及标注 • 能根据图纸规范正确输入文字； • 能根据图纸规范正确设置文字相关属性； • 能根据图纸规范正确输入标注； • 能根据图纸规范正确设置标注相关属性。	1. 文字输入工具的应用 • 掌握文字输入工具的使用方法； • 掌握文字输入工具的设置方法。 2. 标注输入工具的应用 • 掌握标注输入工具的使用方法； • 掌握标注输入工具的设置方法。	1. 培养信息技术时代的人文情怀，探索交换式设计中以人为本的用户需求，以工程图为例分析设计师如何在设计中诠释以人为本的理念。 2. 树立正确价值观。在图文并茂表达的施工图项目中，培养学生科学严谨、一丝不苟的科学素养、使命担当和工匠精神。
	2. 图纸的打印输出 • 能说出模型空间与图纸空间的区别； • 能正确切换模型空间与图纸空间； • 能根据图纸比例在图纸空间正确创建视口； • 能根据图纸比例正确打印输出图纸。	1. 模型空间与图纸空间的概念与切换 • 了解模型空间与图纸空间的区别； • 掌握模型空间与图纸空间的切换方法； • 掌握图纸空间视口的创建方法。 2. 打印输出工具的应用 • 掌握打印输出工具的使用方法； • 了解打印输出工具的操作要点。	1. 培养精益求精的工匠精神。精确设定图纸比例在图纸输出中的重要意义，培养学生科学严谨、一丝不苟的科学素养、使命担当和工匠精神。 2. 培养逻辑性思维和自信心。在掌握图纸空间视口创建的基础上，循序渐进地导出在设计实践中的应用技巧，帮助学生由浅入深地掌握这一难点，强化逻辑性思维。

续　表

知识模块单元	能力传授和能力培养要点		课程思政知识点
	技能与学习要求	知识与学习要求	
3. 平面图制作（20学时）	绘制园林规划设计总平面图及分项平面图实例 • 能绘制园林规划设计总平面图实例； • 能绘制园林规划设计分项平面图实例。	园林规划设计总平面图及分项平面图实例的绘制方法 • 掌握园林规划设计总平面图实例的绘制步骤； • 掌握园林规划设计分项平面图实例的绘制步骤； • 掌握不同类型园林设计平面图的绘图要点。	1. 树立正确价值观。在绘制中国传统园林平面布局的教学项目中，强化动手实践操作能力，培养学生科学严谨、一丝不苟的科学素养、使命担当和工匠精神。 2. 培养学生哲学思维。强调景观设计既要有全局观又要有注重细节的微观思维，结合图纸总平面图与局部详图的表现要点，培养学生要顾全场地与周边环境、不同景观元素之间的相互关系和个体表现。 3. 培养创新思维，加强学生创新思维和创新能力的培养与构建，不断引入绘图过程中的技巧与新技术。

四、课程思政教学设计反思

课程思政需要建立完整的立德树人目标、逻辑和策略，课程每一个专业知识模块不仅需要完整独立的思政教育切入点，而且需要思政点的体系化，以及逐步进阶的思政教育目标和实施途径。要实现课程思政预期的目标，需要注意做到以下几方面。

课程思政的教学是一个潜移默化、任重道远的长期过程。首先，教师要提高思政意识，在教书时要注重发挥课程的育人功能，其次，教师本身要不断提高课程思政的实践能力。为此，课程思政教学团队在备课时要群策群力，一起挖掘思政元素，共同设计课程思政方案，相互借鉴，为课程思政的实施效果提供推动力。在教学过程中，思政内容不可生硬牵强，要与课程内容紧密结合，顺其自然地传递出去。思政方式要与当代青年学生的思维习惯、性格特点等相吻合，充分利用社会热点事件、信息化手段等，引发学生共鸣，使他们有兴趣独立思考、自主钻研，教师要始终坚定为党育人、为国育人的教育信念，助力学生全面发展。

"计算机辅助设计课程"是风景园林专业非常重要的一门专业必修课，课程的目的是要让学生在掌握基本知识的同时，更要清楚作为一名建设行业的工程师应该具备的职业操守与文化素养。因此，课程专业知识教学模块要明确，才能有效设计课程思政目标，指向清晰的专业知识模块的课程思政点就越加清晰。但专业知识模块过于细化会导致课程思政知识点的碎化，从而缺少整体性和一体化的思政感受，保持适当完整的课程专业模块有助于形成整体性强的课程思政教育体系。同时,对学生的要求应从知识探究、能力培养,逐步提升到素质养成、价值引领的高度,在获取知识的同时树立正确的人生观、价值观、爱国主义、人文素养等,并内化于心、外化于行。

  教师要准确掌握课程的专业知识,教学要面向学生关心的问题。在课程教学的不同阶段学生会提出不同的问题与困惑,如初学者如何记住命令?如何匹配绘制图形的最佳命令组合?如何提升绘图效率?什么是交互式设计?这些问题是专业知识点的教学问题,也是思政教育中的关键问题。这些问题看似简单,但真正实现完整、高水平的思政教育,还是有很长的路要走。

"盆景与水培花卉制作"课程思政教学设计

一、课程基本概况

  授课教师： 周琪琦

  课程名称： 盆景与水培花卉制作

  教学对象： 风景园林中本贯通专业中职段学生

  使用教材：《盆景与水培花卉制作》

  学分学时： 2学分，36学时

  课程类别： 专业拓展课

  课程简介："盆景与水培花卉制作"课程是园林技术专业的一门专业拓展课程。本课程根据园林技术专业所涉及的盆景艺术知识、水培花卉知识内容，设计若干个学习情景，实施情景化教学，使学生掌握盆景艺术的欣赏、制作、养护和应用及水培花卉制作等专业知识和技能，同时养成学生职业素质，锻炼学生处理问题的能力和适应社会的能力。

二、课程思政育人目标

  立足思想政治教育与专业教育的有机融合，根据"盆景与水培花卉制作"课程特点，分析本课程所蕴含的思政要素，探寻合适的课程教学方法，将思政元素融入、贯穿课程全过程。"树人先立德，学艺先修身"，培养学生勤奋学习、奋发向上、精益求精的精神，帮助学生树立正确的人生观、价值观、世界观和审美观，提升学生发现美、鉴别美、欣赏美、感悟美、体验美和创造美的能力。

三、课程思政教学与对应知识点设计

知识模块单元	知识传授和能力培养要点		课程思政知识点
	技能与学习要求	知识与学习要求	
1. 盆景概述(6学时)	• 能够根据盆景的艺术特点对盆景进行分类。	• 了解盆景艺术的特点、盆景的发展历史； • 理解盆景分类的原则与方法； • 掌握盆景流派的艺术风格特点。	盆景起源于中国，历史悠久，是我国园林艺术的重要组成部分，更是中华文化艺术的瑰宝。习近平总书记强调，中华优秀传统文化是中华文明的智慧结晶和精华所在，是中华民族的根和魂，是我们在世界文化激荡站稳脚跟的根基。激励学生传承历史文脉，增强文化自信，我们使命在肩、责无旁贷。
2. 盆景基础(6学时)	• 能够正确认识盆景植物材料和选择标准； • 认识制作工具及其功能； • 能够根据盆景的美学原理，对盆景造型图片或实物进行赏析。	• 理解盆景美学原理，提高学生对盆景美欣赏能力； • 熟悉盆景制作所需的材料种类； • 掌握各种盆景材料的特性； • 了解盆景苗圃的建设要求。	盆景艺术集外在美和内在美于一体，从外形到内涵，都蕴含着深邃的美学追求。对美的追求，对美好生活的向往，是人类社会发展的主题，也是党和政府为之努力奋斗的目标。培养和提升学生感受美的能力，点燃对真善美的追求。
3. 盆景制作(12学时)	• 能够根据盆景的类型合理地运用制作技法，进行盆景的制作。	• 了解盆景的主要类型； • 理解盆景的风格特点； • 熟悉盆景的制作材料； • 掌握桩景、山水盆景、树石盆景的制作方法。	1. 中国盆景文化追求"师法自然""源于自然而高于自然"，培养学生从自然美的角度、植物的自然规律和生长习性去构思和立意，赋予盆景更多的文化寓意和人生哲理。 2. 中华民族是世界上最勤劳的民族之一，勤劳是中华民族的传统美德。盆景制作过程是一个复杂的艺术创造过程，盆景制作将人的思想和技能有机融合为一体，要求制作者勤于学习，勤于思考，勤于创作，不断积累。 3. 盆景制作将技能和艺术融为一体，这就要求制作者不但要有高超的技艺，更要有持之以恒、刻苦钻研的精神和意志，专心专注。例举工匠精神名人事迹，激励学生做事持之以恒，追求专业技能的精益求精。

续 表

知识模块单元	知识传授和能力培养要点		课程思政知识点
	技能与学习要求	知识与学习要求	
4.盆景养护(4学时)	• 能够根据盆景的类型合理地运用养护方法进行盆景的养护管理。	• 熟悉盆景养护的材料与工具； • 掌握各式盆景的养护管理方法。	习近平总书记强调"五个追求"："追求人与自然和谐""追求绿色发展繁荣""追求热爱自然情怀""追求科学治理精神""追求携手合作应对"。让学生充分认识到坚持生态文明建设的决心与信心。培育学生生态文明意识，从自己做起，从小事做起，以自己的实际行动实践生态文明的基本要求。
5.水培花卉基础(2学时)	• 能够说出常用的水培植物以及器皿类型，并根据水培植物特点选择合适的器皿； • 学会水培花卉营养液的配制； • 能够对配制好的营养液进行正确储存管理。	• 掌握水培花卉概念、特点，水培花卉器皿类型； • 掌握水培花卉营养液配制理论知识； • 掌握营养液保存的相关知识。	介绍无土栽培技术的起源，《神农本草经》《广群芳谱》《齐民要术》等古籍都有记载，让学生了解我国先农在无土栽培领域的智慧、贡献和历史地位，增强民族自豪感。
6.水培花卉制作(6学时)	• 能够对水培植物进行正确栽培管理； • 能够根据不同花卉选择不同水培方法； • 正确把土培花卉变成水培花卉； • 能够把不同种类的花卉进行组合盆栽； • 能够正确养护水培花卉。	• 掌握水培花卉常见栽培方法； • 掌握把土培花卉变成水培花卉的基础理论知识； • 掌握水培花卉养护知识。	1.每一种无土栽培技术都对应着特定的产业形式，技术的不断进步有助于促进现代农业的绿化发展和推动农业经济的大步前进。激发学生学习科学知识的兴趣，用科学的态度研究、发展技术，增强学生勇于探索的创新精神，树立科学发展观，形成创新发展理念。 2.水培技术采用现代生物工程技术，运用物理、化学、生物工程手段，对普通的植物、花卉进行驯化，使其能在水中长期生长，从而形成新一代高科技农业项目。它强调人、植物、自然应相互和谐，强化生态文明。

四、课程思政教学设计反思

根据"盆景与水培花卉制作"课程特点，立足于思想政治教育与专业教育的有机融合，分析"盆景与水培花卉制作"课程所蕴含的思政要素，将思政要素融入"盆景与水培花卉制作"课程教学中。要实现课程思政预期的目标，需要做到以下方面。

明确课程专业知识教学模块,有效设计课程思政目标。结合每个知识教学模块,把思政教育渗透到课程教育当中,让学生在学习知识和技能的过程中不断加强思想政治的学习和积累,确保我们培养的学生具有较好的道德情操和思想水平。

采用不同的思政方法贯穿整个教学,可采用案例分析法、内涵挖掘法、引申推导法等,从不同方面分析引导挖掘先进思想、高尚情操来教育、引导学生,培养学生勤奋学习、奋发向上的精神,帮助学生树立正确的价值观和世界观。

把握学生的心理特点,因势利导,因材施教。要善于发掘学生乐于动手的特点,在实践中融入正确的价值观,培养学生热爱劳动、勤于思考、乐于吃苦耐劳、甘于奉献的精神。

"艺术插花点亮生活"
课程思政教学设计

一、课程基本概况

授课教师： 翟晓宇

课程名称： 艺术插花点亮生活

教学对象： 风景园林中本贯通专业中职段学生

使用教材：《艺术插花》《花卉装饰技艺》

学分学时： 1学分，4学时

课程类别： 专业拓展课

课程简介： "艺术插花点亮生活"课程内容上立足普及插花艺术的基本知识、基本技能，色彩设计和造型设计的一般技巧，插花作品的陈设与养护，插花艺术作品鉴赏方面的一般内容。课程讲述了从毕业典礼开始，经历了人生中的几个重要阶段，毕业典礼、办公职场、母亲节（节日）、婚礼等，每个阶段配合一个特定的故事情节和场景，分别从花之语、花之艺、花之鉴三个模块入手，嵌入我们课程的知识、技能和情感目标等，从另一个角度观察世界、体悟人生。

二、课程思政育人目标

借鉴世界技能大赛花艺项目的评价标准，分析岗位与艺术插花专项职业能力证书要求，以赛促教成果的运用为本课程思政建设奠定了良好的基础。立足专业特色和行业发展需求，优化课程标准，将党的十九大关于"永远把人民群众对美好生活的向往作为奋斗目标"的要求具体转化为本课程"尊重生命、环保节约、规范创新、文化自信"四个课程思政核心内容，使学生养成积极向上的审美情趣和正确的审美观，树立文化自信，增强文化认同感，实现立德树人的目标要求，培养为新时代社会主义建设服务的新花艺人。

三、课程思政教学与对应知识点设计

"艺术插花点亮生活"课程结合故事情节,通过毕业典礼、居家办公环境、节日、婚礼四大场景的变化,配合视频、音频、动画、交互式体验涵盖课程各知识点。不同时期不同场合通过花这样的媒介,丰富对亲情、友情、爱情的表达和延续。思政教育主要指标点有:(1)全过程培养尊重植物、重视人身安全的尊重生命意识。例如在实操过程中,充分挖掘植物的生长特性,不能相互挤压,最大限度地展现植物的自然生长状态和自然美。同时,更注重人身安全,在作品中不能留有枝刺等损伤人体,细节入手强化了尊重生命的职业素养。(2)践行"绿水青山"的绿色环保理念,充分挖掘花材的应用潜质,善于利用废弃的植物材料进行不断创新、重复利用、避免浪费,在突显花艺作品生活情趣的过程中,形成环保节约意识。(3)开展沉浸式学习,夯实艺术插花设计制作实践能力,激发创意表达能力,增强艺术审美能力。(4)融入中华传统文化的代表元素,如应用中华传统文化中植物的寓意、色彩的含义、中国传统的物件等进行创意设计,将中国传统插花的技法等融入教材中,创作具有中国特色的作品,传承中华传统文化,增强文化自信。围绕育人目标和建设指标点,"艺术插花点亮生活"课程以专业教育模块化为关键,进行教学知识单元、知识要点、思政知识点与教学案例的四配设计(见下表)。

知识模块单元	知识传授和能力培养要点		课程思政知识点
	技能与学习要求	知识与学习要求	
1.居家办公茶几摆花制作模块(1学时)	花之语	1.茶几摆花花材基础认知 • 能够识别常用茶几摆花花材; • 能够正确使用花语; • 能够运用正确方法养护花材及茶几摆花作品。 2.插花常用工具的应用 • 能够正确使用插花工具。	1.花材基础知识 • 掌握常用花材的形态特征; • 理解常用花材的花语; • 掌握花艺作品及花材的养护知识。 2.插花常用工具应用知识	1.尊重生命。在花材的养护知识中,讲述花材保鲜等相关方面的知识,最大限度地延长花材的观赏期,供人观赏,培养学生尊重植物生命的意识。 2.绿色环保。充分了解常用鲜切花各个器官的形态特征、鲜切花的观赏部位,合理利用鲜切花的观赏部位创作花艺艺术作品,突显花艺作品生活情趣。 3.文化自信。融入中国传统文化中植物的寓意,"花中四君子"——梅、兰、竹、菊,"岁寒三友"——松、竹、梅等花文化现象,都是中华民族热爱花草、歌颂花草、乐与花草为伍的文化延续。清代李渔首次提出了"撒"的概念,该技法反映了中国人的智慧,充分利用废弃材料,节能环保,至今仍被应用于国内外花艺创作中,对世界插花花艺发展可谓影响深远。传承中华传统文化,增强文化自信。

续　表

知识模块单元		知识传授和能力培养要点		课程思政知识点
		技能与学习要求	知识与学习要求	
1. 居家办公茶几摆花制作模块（1学时）	花之艺	1. 整理花材 • 能够正确整理花材； • 能够采用正确的方法保鲜花材。 2. 制作茶几摆花 • 能够根据茶几摆花的技术要点制作作品。	1. 花材整理方法 • 掌握花材整理的方法； • 掌握花材保鲜方法。 2. 茶几摆花技法 • 掌握茶几摆花的技术要点。	1. 创新创意。结合摆放环境进行创意设计，将中国传统的物件紫砂茶壶、笔架等融入作品创作中，激发学生创意表达能力，夯实艺术插花设计制作实践能力，创作具有中国特色的作品。 2. 工匠精神。在茶几摆花的制作过程中，强调细节的处理，工完场清，一丝不苟，追求卓越。强调了精益求精的工匠精神。
	花之鉴	中国传统插花造型 • 能够识别各种造型的中国传统插花。	中国传统插花的造型法则 • 掌握中国传统插花的造型法则。	1. 文化自信。唐代末年罗虬所著《花九锡》是我国历史上第一部插花理论作品，从花材、工具、环境等几个方面进行了简要论述，在中国插花史上意义重大。传承中华传统插花技法，弘扬中华传统文化。 2. 弘扬传统文化。中国传统插花艺术作品，不管体量大小，最终都能共同构成一个"和谐共生"的插花艺术品，其实就是儒家"中庸和谐"思想在传统插花这一艺术形式上的充分体现。
2. 节日礼仪花束（1学时）	花之语	1. 花束常用花材的识别 • 能够识别花束常用花材； • 能够正确使用花语； • 能够运用正确方法养护花材及花束作品。 2. 中国传统节日与插花习俗 • 能够根据主题正确选择花束花材。	1. 花束花材基础知识 • 掌握常用花束花材的形态特征； • 理解常用花束花材的花语； • 掌握花束作品及花材的养护知识。 2. 中国传统节日与插花习俗 • 理解中国传统节日风俗； • 理解中国插花习俗。	1. 尊重生命。充分挖掘植物的生长特性，不能相互挤压，最大限度地展现植物的自然生长状态和自然美，培养学生尊重植物的生命意识。 2. 绿色环保。将剩余的植物材料养护起来整理并收集，废弃的部分植物材料，挖掘植物材料各个部位的潜质，变废为宝。培养学生善于利用废弃的植物材料进行创新、重复利用，避免浪费，形成绿色环保节约的意识。 3. 文化自信。中国传统节日，是中华民族悠久历史文化的重要组成部分。传统节日的形成，是一个民族或国家的历史文化长期积淀凝聚的过程。中国是花的国度，中华民族是花的民族。如春节插花，常用的花材有桃花、茶花、梅、银芽柳、唐菖蒲、月季、百合等。盆栽金桔、四季桔（谐音吉）每家必备，希望合家吉祥如意。此外，唐菖蒲、郁金香、风信子等极受欢迎。掌握中国传统节日习俗与花文化，传承中国传统文化，树立文化自信，增强文化认同感。
	花之艺	1. 基本花型制作 • 能够根据基本花型的特点制作插花。 2. 花束制作 • 能够根据花束的技术要点制作花束。	1. 插花的基本造型 • 掌握插花作品的几种基本造型的特点。 2. 花束制作的技术要点 • 掌握花束制作的技术要点。	1. 绿色环保。充分利用废弃的竹芯制作花束的架构，结合竹芯的韧性拗制各种有弧度的造型。善于利用废弃的植物材料进行不断创新、重复利用，避免浪费，培养学生绿色环保节约的意识。 2. 创意创新。结合节日习俗及赠送对象进行创意设计，夯实艺术插花设计制作实践能力，激发创意表达能力，增强艺术审美能力。

续 表

知识模块单元	知识传授和能力培养要点		课程思政知识点
	技能与学习要求	知识与学习要求	
2. 节日礼仪花束(1学时)	花之艺		3. 文化自信。《荆楚岁时记》记载，五月是仲夏，它的第一个午日正是登高顺阳好天气之日，故五月初五亦称为"端阳节"。传统端午插花作品中，花材多有石榴花、蜀葵花等，配置菖蒲等材料。色彩上，也更"古代"，多用色彩鲜艳的花朵搭配青绿色植物材料。 4. 工匠精神。在花束的制作中，花束螺旋技法对于花材整理、螺旋上花、螺旋点捆绑等技术要点要经过反复多次的练习，才能达到基本的技术要求。培养精益求精的工匠精神。
	花之鉴	中国传统插花的六大容器应用 • 能够根据环境正确选择传统插花的六大容器。	中国传统插花的六大容器 • 掌握中国六大容器传统插花的技术要点。	1. 文化自信。最能体现东方式插花风格的插花形式。瓶花是中国传统插花中的一种重要表现形式，也是最能体现东方式插花风格的插花形式。瓶在我国有平安吉祥之意。瓶花起源于1 500年前的南齐，大盛于明代。瓶花善于表现花材的线条美，尤以表现木本花材的各种线条与姿韵，具高雅、飘逸之风格。传承中国传统插花文化，增强文化自信。
3. 婚礼新娘捧花制作模块(1学时)	花之语	1. 新娘手捧花常用花材识别 • 能够识别新娘手捧花常用花材； • 能够正确使用花语； • 能够运用正确方法养护花材及新娘手捧花作品。 2. 不同国家用花习俗 • 能够根据不同国家的用花习俗正确选择花材。	1. 新娘捧花花材基础知识 • 掌握常用新娘捧花花材的形态特征； • 理解常用新娘捧花花材的花语； • 掌握新娘捧花作品及花材的养护知识。 2. 不同国家的插花习俗 • 理解不同国家的插花习俗。	1. 文化自信。红色所蕴含的意义对中式婚礼的影响是深刻而长远的。在中国文化中，红色象征着无与伦比的欢乐，在传统婚礼中摆上红玫瑰或者其他红色花卉将增加中式婚礼的喜庆色彩从而更受欢迎。掌握中国婚礼用花习俗，传承中国传统文化。 2. 拓展思维，开阔视野，了解不同国家在婚礼上的用花习俗。 3. 尊重生命。充分挖掘植物的生长特性，不能相互挤压，最大限度地展现植物的自然生长状态和自然美，培养学生尊重植物的生命意识。同时，更注重人身安全，在作品中不能留有枝刺等损伤人体，从细节入手强化尊重生命的职业素养。 4. 绿色环保。充分利用废弃的白桦木皮，做架构，变废为宝。培养学生善于利用废弃的植物材料进行创新、重复利用，避免浪费，形成绿色环保节约的意识。
	花之艺	1. 花材造型加工 • 能够根据花材的特点进行新娘捧花花材造型加工。 2. 新娘捧花制作	1. 花材造型加工的技法 • 掌握花材造型加工的技术要点。 2. 新娘手捧花制作的技术要点。	1. 绿色环保。充分挖掘植物材料各个部位的潜质，物善其用，如将水蜡叶拉丝处理进行缠绕和编织。培养学生践行环保节约、可持续发展的理念。 2. 尊重生命。注重人身安全，在作品中不能留有枝刺等损伤人体，从细节入手强化尊重生

续 表

知识模块单元		知识传授和能力培养要点		课程思政知识点
		技能与学习要求	知识与学习要求	
3. 婚礼新娘捧花制作模块(1学时)	花之艺	• 能够根据新娘捧花的技术要点制作作品。	• 掌握新娘手捧花制作的技术要点。	命的职业素养,养成尊重生命的意识。 3. 创意创新。新娘手捧花要结合新娘的体型、性格、兴趣爱好、年龄等因素以及新娘的礼服进行设计制作。
	花之鉴	学习世赛冠军作品优秀案例。	了解世赛冠军作品案例的设计要点。	1. 树立正确价值观。用世赛冠军的榜样力量激发学生职业自豪感。 2. 工匠精神。通过世赛冠军平时训练的典型案例,体会其在成功背后的辛苦付出、对技术的一丝不苟,弘扬精益求精的工匠精神。
4. 典礼礼仪胸花制作模块(1学时)	花之语	1. 胸花常用花材识别 • 能够识别胸花常用花材; • 能够正确使用花语; • 能够运用正确方法养护花材及胸花作品。 2. 胸花的造型应用 • 能够根据不同场合、身份等,选择合适的胸花造型。	1. 典礼胸花花材基础知识 • 掌握常用典礼胸花花材的形态特征; • 理解常用胸花花材的花语; • 掌握胸花作品及花材的养护知识。 2. 胸花的造型特点 • 掌握不同胸花造型的特点。	1. 绿色环保。分解植物材料,如将断了头的天堂鸟分解,可以作为胸花的材料,培养学生在生活中要学会观察总结,充分挖掘植物材料各个部位的特性,形成环保节约的意识。 2. 尊重植物。注重人身安全,在作品中不能留有枝刺等损伤人体,从细节入手强化尊重生命的职业素养,养成尊重生命的意识。
	花之艺	1. 花材造型加工 • 能够根据花材的特点进行胸花花材造型加工。 2. 典礼胸花制作 • 能够根据胸花的技术要点制作胸花。	1. 花材造型加工的技法 • 掌握胸花花材造型加工的技术要点。 2. 胸花制作的技术要点 • 掌握胸花制作的技术要点。	1. 绿色环保。充分挖掘植物材料各个部位的潜质,物善其用,如利用剐草的韧性拗制弧线造型;运用废弃的朱蕉叶做贴面,培养学生践行环保节约、可持续发展的理念。 2. 尊重生命。注重人身安全,在作品中不能留有枝刺等损伤人体,从细节入手强化尊重生命的职业素养,养成尊重生命的意识。 3. 创新创意。胸花要结合佩戴者的服装、性格、性别、年龄等因素以及使用的场合进行设计制作。激发创意表达能力,增强艺术审美能力。 4. 工匠精神。胸花属于小型插花作品,麻雀虽小,五脏俱全。要用少量的花材创作出立体的、有层次感的作品。在制作的过程中不断调整花材角度及位置,精益求精,追求卓越。
	花之鉴	学习优秀作品案例	了解优秀作品案例的创意灵感。	1. 欣赏世赛经典案例作品,开阔视野,养成积极向上的审美情趣和正确的审美观。 2. 工匠精神。通过世赛冠军平时训练的典型案例,体会其对技术的一丝不苟,弘扬精益求精的工匠精神。

"艺术插花点亮生活"课程共设计毕业典礼、居家办公环境、节日、婚礼四个知识单元,将专业知识点与课程思政知识点无缝衔接在每一节课堂上,随着专业教学的深化,不断扩展思政教育,实现课程思政培养目标,将党的十九大关于"永远把人民群众对美好生活的向往作为奋斗目标"的要求具体转化为本课程思政核心内容,培养为新时代社会主义建设服务的新花艺人。

四、课程思政教学设计反思

尊重生命、环保节约、规范创新、文化自信等作为"艺术插花点亮生活"课程思政教学的核心内容,课程思政需要建立完整的立德树人目标、逻辑和策略,课程每一个专业知识模块不仅需要完整独立的思政教育切入点,而且需要体系化的思政点,以及逐步进阶的思政教育目标和实施途径。要实现课程思政预期的目标,需要做到以下几方面。

课程专业知识教学指向越清晰,课程思政点就越加清晰,但专业知识模块过于细化会导致课程思政知识点的碎化,从而缺少整体性和一体化的思政感受。保持适当完整的课程专业模块有助于形成整体性强的课程思政教育体系。

目前思政点表现形式以经验分享和视频展示为主,较为单一。可以通过线上、线下相结合,实现全程育人。线上利用实时录播系统、评分系统,达成"教学行为记录及时,交流互动高效全面,教学评价客观精准"的课程运行成效;线下整合课程资源,优化教学流程,创新评价方法,运用丰富多彩的课程思政故事案例实施教学。

可以多设置不同的主题场景,课前让学生们查阅资料,课上沉浸式体验场景与作品主题的结合,激发场景设计、作品创造的灵感,感悟作品制作中应具备的工匠精神。

"多肉美好生活"课程思政教学设计

一、课程基本概况

授课教师：魏万亮

课程名称：多肉美好生活

教学对象：风景园林中本贯通专业中职段学生

使用教材：无

学分学时：1学分，18学时

课程类别：专业拓展课

课程简介："多肉美好生活"课程是风景园林中本贯通专业的一门专业拓展课程，也是引导学生认识植物世界的入门课程。课程主要是学习多肉在居家生活中的应用，所以在框架上设置了居家的五个场景（阳台、客厅、卧室、餐厅厨房、卫生间），每个场景都有不一样的精彩，每个场景都设有五个多肉植物的活动内容，通过具体的活动培养学生热爱自然、热爱植物的专业素养。

二、课程思政育人目标

通过"多肉美好生活"课程的学习与训练，识多肉，养多肉，玩多肉，以拍摄视频或动画等形式讲解知识。悟多肉，以游戏闯关的形式，根据前面的知识内容进行闯关考验和巩固，极具趣味性。赏多肉，是课程拓展活动，将赏心悦目的多肉和居家生活相联系，体现环保美好的生活态度。为后续课程的深入学习打下植物学方面的理论与实践基础，多肉盆栽设计制作为学生的学习增添雅趣。

三、课程思政教学与对应知识点设计

"多肉美好生活"课程思政教育主要指标点有：（1）在多肉盆栽作品的设计、制作过程中，丰富学生的饮食文化，丰富学生的精神文明建设内涵。精神文明建设是"软劳动"，精神富有才能诗意栖居,创造居家多肉作品。(2)学生热爱生活艺术,热爱植物世界,激发创新意识,养成积极向上的审美情趣。(3)学生养成生态环保、节约资源,注重居家绿色生态环境空间营造意识。围绕育人目标和建设指标点,"多肉美好生活"课程以专业教育模块化为关键,进行教学知识单元、技能要点、知识要点、思政知识点与教学案例的四配设计(见下表)。将专业知识点与课程思政知识点无缝衔接在每一节课堂上,随着专业教学的深化不断扩展思政教育,实现课程思政培养目标。

知识模块单元	知识传授和能力培养要点		课程思政知识点
	主要技能学习	主要知识内容	
1. 阳台多肉盆栽组合(3学时)	设计制作组合盆栽赏析: • 主题:百宝箱是见证思念的——漂洋过海来看你 • 设计说明:设计种植多肉的容器大多数为自然素材,即取材于自然的蛋壳、废弃百宝箱、丝瓜、漂流木等,没有人工雕琢的匠气,质朴清新。	1. 景天科10个品种:姬胧月、唐印、月兔耳、宽叶不死鸟、星美人、虹之玉、千佛手、莲花掌、黑法师、钱串。 2. 多肉植物的繁殖技术:叶插法、芽插法、分株法。	习近平总书记强调,节约资源是保护生态环境的根本之策。要大力节约集约利用资源,推动资源利用方式根本转变,加强全过程节约管理,大幅降低能源、水、土地消耗强度。在识多肉的过程中,作品的案例学习及创造中要有机融入环保节约的理念。
2. 客厅多肉盆栽组合(3学时)	设计制作组合盆栽赏析: • 主题:公园是用来游憩和观赏的——享受大自然的洗礼 • 设计说明:利用蛋糕等食品的盆器进行多肉植物小造景,就像身处城市公园一样,让人的身心得到放松。	百合科10个品种:宝草、水景宝草、白斑玉露、姬玉露、大型玉露、条纹十二卷、玻璃殿、子宝、卧牛、玉扇。	在浓缩的多肉组合盆栽中,描绘城市游憩公园画卷,是中国古典园林源于自然、高于自然的艺术表现手法,培养学生热爱大自然,热爱中国园林,热爱多肉植物,大胆设计创新意识。
3. 卧室多肉盆栽组合(3学时)	设计制作组合盆栽赏析: • 主题:卧室是有温度的——点燃床前的那一盏灯 • 设计说明:利用放置烛台的灯笼,搭配多肉植物的错落之态,塑造卧室的温馨时刻。	菊科5个品种,马齿苋科5个品种:蓝松、珍珠吊兰、紫弦月、新月、绿之铃、吹雪之松锦、金枝玉叶、雅乐之舞、茶笠、银蚕。	共同富裕,习近平总书记始终念兹在兹,视为"国之大者"。精神文明建设是"软劳动",精神富有才能诗意栖居,卧室多肉盆栽组合是有温度的作品,可以让学生感悟、体验浪漫的生活艺术,热爱生活,追求雅趣。
4. 餐厅和厨房多肉盆栽组合(6学时)	设计制作组合盆栽赏析: • 主题:美味是滑过舌尖的——天然夹层大汉堡 • 设计说明:利用风干的丝瓜形成粗硬的纤维,与秀色可餐的多肉搭配,在枯与荣、多彩的色彩对比中,呈现美轮美奂的美食佳品。	景天科20个品种:桃美人、千代田之松、白牡丹、姬胧月、瓦叶姬秋丽、初恋、雪莲、白凤、特玉莲、紫珍珠、子持莲华、夕映、茜之塔、火祭、筒叶花月、双飞蝴蝶、婴儿手指、天锦章、观音石莲、蝴蝶之舞。	丰富饮食文化。"当鲜花遇到美食,便胜却人间无数!"古往今来,可食用的花草、香草香料植物、多彩多肉植物,升华餐桌味觉和视觉!用多肉色彩来渲染,烘托出一种进餐的氛围,营造美食视觉盛宴。感悟、享受和体验生活饮食艺术之美。

续 表

知识模块单元	知识传授和能力培养要点		课程思政知识点
	主要技能学习	主要知识内容	
4.餐厅和厨房多肉盆栽组合（6学时）	• 主题：巨木森林是浓缩的——食指大动的牛肉盖饭 • 设计说明：利用厨房用装食品的透明玻璃烧杯，设计种植高低错落的树状多肉，创作大自然森林景观意向；利用一套餐具（碗和一个小蝶），用轻石象征米饭，用多肉象征主菜。		
5.卫生间多肉盆栽组合（3学时）	设计制作组合盆栽赏析： • 主题：气味是可以隔离过滤的——洒落在WC的生态球 • 设计说明：利用四面透明的玻璃球容器，呈现组合多肉的新姿态，其顽强的生命力发挥着重要的生态效益。	番杏科8个品种，萝藦科1个品种，鸭跖草科1个品种：碧玉莲、黄花照波、快刀乱麻、鹿角海棠、四海波、五十铃玉、生石花、白凤菊、爱之蔓（萝藦科）、白雪姬（鸭跖草科）。	绿色生态、多肉植物的生态作用，学生感悟多肉植物生态过滤功能，从多肉顽强的生命中习得坚韧不拔的毅力，在枯与荣的对比中感悟生命的轮回，生生不息。

四、课程思政教学设计反思

热爱植物、热爱生活艺术、创新意识等作为"多肉美好生活"课程思政教学的核心内容。课程思政需要建立完整的立德树人目标、逻辑和策略，课程每一个专业知识模块不仅需要完整独立的思政教育切入点，而且需要思政点的体系化，以及逐步进阶的思政教育目标和实施途径。要实现深层次思政预期的目标，需要做到以下两方面：

（1）以节约环保为主线，贯穿教学全过程。课程专业知识教学模块要明确，才能有效设计课程思政目标。指向越清晰的专业知识模块，课程思政点就越加清晰，但专业知识模块过于细化会导致课程思政知识点的碎化，从而缺少整体性和一体化的思政感受，保持适当完整的课程专业模块有助于形成整体性强的课程思政教育体系。发扬节约资源、生态环保的课程思政主线串联了各个模块，创造居家空间的绿色生活艺术空间。

（2）以学生为中心，任务驱动，案例赏析，创新探索提高学生核心素养。贯彻任务引领教学理念，学生眼、脑、手并用，做中学，从实践到认识再到实践，以具体学习任务为驱动，把价值观培养有机融入教学过程之中。利用任务驱动法，大部分学生喜欢自己探索、动手操作实践。但也有不少学生小心谨慎，面对多肉植物不敢大胆地去做切根处理。另外在组合盆栽设计的灵动性上还有很多提升的空间。学生逐步养成热爱多肉植物，热爱居家生活艺术，创新设计绿色生态居家空间，体现环保节约、生活雅趣。

第三章

园林技术-风景园林中本贯通专业中职段专业课课程思政教学设计案例

"园林美术"课程思政教学设计案例

一、课程简介

"园林美术"课程是风景园林专业的一门重要的专业课程。其功能是使学生了解从事本专业相关职业岗位所需的绘画方面的基本知识,掌握园林绘画的基本思维和方法,具备对环境、建筑、花草树木、山石水体等设计元素进行描绘造型、表现创意的基本能力,并且为后续学习园林测量、园林规划设计、植物种植设计等专业(技能)方向课程打下基础。适应部分学生拓展学习的需求,体现终身发展的理念。

二、课程目标

"园林美术"是一门基础性的职业技能必修课,通过任务引领、项目活动,以项目导向、理论与实践一体化、"教""学""做"一体化,让学生走入绘画实景,使学生在操作训练中掌握描绘设计元素的基础知识和基本技法,并能融会贯通地进行多方面、多元素的概括和空间组合、表现,能够通过对不同的空间环境学习、描绘练习,并进行创意,增强对园林绘画的情感认知。在完成各项的任务中,注意贯穿培养学生诚信、刻苦、善于沟通和合作的品质,培养学生的团结协作意识,为发展职业能力奠定良好的基础,并达到以下职业能力培养目标:

能对一般园林景观进行几何体概括的描绘;会运用素描的方式进行园林绘画;会运用色彩学的知识进行园林景观写生。

三、教学设计方案

班 级	风景园林				
日 期					
周 次	第4周				
课 次					

续 表

课 时	1	课型	理实一体
课 题	感知色彩规律及其应用		
教学目标	知识目标：1.了解色彩调和的知识； 2.了解色彩的规律和色彩补色原理。 技能目标：1.能掌握水粉颜料的表现和控制能力； 2.能运用互补色进行简单的植物单体绘制。 情感目标：1.培养对美术与色彩世界的兴趣，激发对生活的热爱； 2.培养严谨、细心、大胆创新以及尊重客观事实的职业态度。		
教学重点	对色彩中补色原理的认识以及分析。		
教学难点	画面中的色彩调和；对补色的感知以及在画面中的运用。		
时间分配 （分钟）	2+5+5+25+5+3		
教学资源 与设备	教学资源：视频、授课PPT、学校网络教学平台。 设备资源：投影仪、实物投影仪、多媒体、色环图、作品展示、调色盘、水粉颜料、水粉笔、水桶、抹布等。		
教学地点	2号楼		
教学后记	1. 在进行中职美术教学过程中，补色原理是一个非常重要的教学环节，也是学生很难理解的一个环节，学生难以理解主要表现在以下几个方面：首先，两个毫不相干的颜色为什么会有这样的联系；其次，很难记忆这些颜色；最后，不明白补色的具体使用价值是什么。因此要想让学生学好补色，就必须解决上述几个问题。以切身体会为主，从亲自实践、自己寻找记忆方法及案例教学法三方面进行入手，从而帮助学生更加直观地掌握补色原理。 2. 让学生在动手操作的过程中发现问题，采取组内先讨论的方式寻找解决问题的答案，能让学生得到更深刻的理解，一定程度上认识了学习色彩这门学科的综合性和复杂性。 3. 因为学生是初步接触色彩表达，所以对该学科的作画过程容易混淆，比如忘记绘制的先后顺序，忘记色彩调和规律，这就要求教师在以后的课程中，在讲解的时候一定要多加强调。		

教学环节 （时间）	教学内容与过程	教师活动	学生活动	教学方法与 教学策略
复习回顾 （2分钟）	回顾旧知识： 1. 色彩的概念 人类借助于自然界的光而观察到客观世界，有光就有色彩。 2. 色彩的分类 原色、间色、复色、补色、无彩色、有彩色、独立色。 3. 色彩的三要素 色相、明度、纯度。	教师提问，使用投影仪发布并展示回顾内容。	学生思考回顾所学内容，并回答教师提出的问题。	设计意图：问答式互动教学通过回答问题的方式，对前一阶段所学知识进行回顾。融入思政点：温故而知新。要从小事做起，从细微处入手，有意识培养学生的良好习惯，久而久之，习惯就会成为一种自然，即自觉的行为。

续 表

教学环节（时间）	教学内容与过程	教师活动	学生活动	教学方法与教学策略
课程导入（5分钟）	情景推入： 教师：现在我们一起来再做一个实验好吗？学生：好。教师：在电脑上打开一张满地铺满玫瑰花的图片，然后这样交代学生："仔细看这张玫瑰花，盯着它们不要动，一会你们会看到意想不到的事情发生。"学生受到教师的引导后，纷纷将注意力集中在画面中，过了大概1分钟的时间，教师突然关掉了投影仪，这让大家感到非常突然，然后教师询问道："现在投影布是什么颜色啊？""绿色。"教师："非常好，原本一个白色的布怎么变成绿色了呢？学完这节课大家就会明白了。" 概念引入： 一、补色的概念：在三原色光中，任意两种原色光混合而成的色光与另一种原色光相对，即为互补色，在12色相环中正好成180°角，几何学中称为补角，补色的"补"大概由此得名。 二、补色的作用：补色对比是色相对比中最强的一种对比，使色彩对比达到最大的鲜明度。从三原色看，补色关系是一种原色与其余两种原色产生的间色对比关系，一般来说只有三对，即红与绿、黄与紫、蓝与橙。互补色相配，能使色彩对比产生强烈的刺激作用，对人的视觉具有最强的吸引力并获得满足。歌德在《色彩论》中说："当眼睛看到一种色彩时，便会立即行动起来，它的本性就是必然地和无意识地立即产生另一种色彩，这种色彩同原来看到的那种色彩一起完成色轮的总和。"指的就是补色关系。伊顿则在《色彩艺术》中进一步阐明："互补色的规则是色彩和谐布局的基础，因为遵守这种规则便会在视觉中建立精确的平衡。"补色对比强烈可以用来改变单调平淡的色彩效果，但是处理不当极易造成乱杂、刺激、生硬等弊病。	教师演示实验，让学生回答问题，并总结与引入本节课所学知识点。	学生思考实验内容，并回答教师提出的问题，引发思考。	设计意图：运用情景推入的教学方法进行启发式引导，使学生体验自己探寻答案的过程，引导学生对所学知识产生兴趣。 融入思政点：切实做好美育教育工作。（思政材料来源：习近平总书记给中央美术学院老教授的回信中提到，"美术教育是美育的重要组成部分，对塑造美好心灵具有重要作用。你们提出加强美育工作，很有必要。做好美育工作，要坚持立德树人，扎根时代生活，遵循美育特点，弘扬中华美育精神，让祖国青年一代身心都健康成长。"）

续表

教学环节（时间）	教学内容与过程	教师活动	学生活动	教学方法与教学策略
任务详解（5分钟）	布置任务 补色的应用： 1. 色彩小练习，绘制一棵完整的乔木造型，注意光源色与环境色之间需运用到补色关系。 2. 欣赏作品→个体评述→教师点评→学习归纳→延伸应用。	教师利用教学平台下达本次课程的任务。并把教师完整的操作投影到大屏幕上，演示乔木造型的绘制方法和步骤的重点。	学生观看教师用投影所展示的任务内容，并认真聆听。	以任务引领的方式为主，学生以小组为单位，使学生看到近在眼前的真实操作。
同步操作（25分钟）	任务详解与分析 补色的应用技巧： 教授学生如何能在较短的时间内，掌握色彩最基本、最主要的理论和技法，分别从水粉画的"用水""调色""用笔""造型与调整"几个可操作性强的关键技法予以详细介绍，给初学者以切实	1. 教师演示绘制过程，并进行步骤讲解。 2. 教师进行实训现场巡查，随时指导学生。 3. 教师解答疑惑。 4. 教师发现典型错误。	学生听取教师的讲解，并展开练习。	以教师演示为主，学生以小组为单位，使学生近距离观察学习实际操作手法。

续 表

教学环节 （时间）	教学内容与过程	教师活动	学生活动	教学方法与 教学策略
同步操作 （25分钟）	可行的具体引导。结合步骤，即能迅速掌握水粉画的基本技巧，达到用水粉表现色彩的目的。 一、用水 　　对水粉画的基本理论和基本技巧稍作了解后，就可以开始画水粉画了。画水粉画的关键之一是用水。适当地用水可以有效地塑造形体、表现色彩。用水不成功，一幅画就不成功。水粉画是用水调和粉质颜料作画的画种，该颜料里含有胶质，加水稀释后会产生不同的效果。画水粉静物一般情况下用水要尽量少，要惜水如金。水和色要协调，色多水多，色少水少。 　　笔头以颜色为主稍蘸水即可，用完一种颜色，笔头要用水洗净，用吸水布挤干笔头中的水分，再上色，后蘸水，以免弄脏下一笔色，初学者养成此习惯很重要。 　　表现较轻、薄、透的物体时水要略多，水多色少易灰脏，画时新鲜，水干后泛色、颜色变浅、变灰、无质感。水少色多易干、枯、涩，表现不出质感、光泽，不利于色彩衔接。亮部色稍薄，运笔快，利用白纸底色，一次成功用色，色彩漂亮而干净，灰暗部水要少，颜色要多，效果才显厚重。 二、调色 　　调色是水粉画色彩能否表现丰富的关键。调色不当画面会出现生、灰、脏、乱、火、菜（色彩假）等现象。一般说来，在掌握用水的技巧后，作画时把任何一个物体的色彩分析出色彩层次，			

教学环节（时间）	教学内容与过程	教师活动	学生活动	教学方法与教学策略
同步操作（25分钟）	逐层逐步表达出来。主要物体和物体亮部宜画厚，次要物体及背景宜画薄。 　　要使画面和物体色彩丰富，调色的技巧是：将颜料在调色盘上摆开，在该物体固有色周围逐一添加其他颜色，形成既有联系又有区别的某一色彩系列，表现出丰富的色彩体系。 　　具体做法： 　　1. 以画面主要色调及主要色为主，选定固有色，如红、黄、绿等任一颜色做首选色。 　　2. 画任何一个物体，选定固有色后，将该色颜料在调色盘上摆开，在其周围逐一相加，调出系列色相。如苹果——选调黄色，用来画半明部，亮部在黄的基础上加少量白粉，高光可先适当空白，画明暗交界线在固有色上加普蓝和少量的紫，使黄苹果从明到暗为浅黄、黄、中黄、绿黄、深黄等系列。这样色与色之间既有联系又有区别，适当运用可表现丰富的色彩及体积感。注意要表达出苹果的三大面和五调子。 　　3. 用笔颜色的厚薄要区别对待，一般要遮盖白纸为宜，亮部、半明部宜略薄，利用白纸底衬亮色块，使色彩明快；明暗交界线、暗部宜画厚重；亮部、半明部色相不准要待干后用较干色，也可厚画。 　　4. 色彩成系列中，颜色相加，种类不宜多（易脏），忌量相同（易灰）和反复搅拌（色不新鲜），白与黑相加应一点一点加入适可即止，不要一下子加入较多(易脏)。 　　5. 如调出色相不明确或与邻近笔触差距太大的色，属脏色，应洗净笔头，重新调，一幅好画以没有脏色为宜。任何颜色都有自己深浅不同的色相，脏色使画面灰、闷、无质感。			

续 表

教学环节（时间）	教学内容与过程	教师活动	学生活动	教学方法与教学策略
同步操作（25分钟）	三、上色彩 1. 上色彩的步骤（一般有三种画法）： ① 先画背景，其次画台面及衬布，最后画主要物体。 ② 先画主要物体，其次画台面、衬布，最后画背景。 ③ 先画衬布台面，其次画静物，最后画背景。 2. 上色调的方法（一般有三种画法）： ① 从物体暗部画起（注意补色运用），再画灰部，最后画亮部。 ② 从物体亮部画起，再画灰部，最后画暗部（注意补色运用）。 ③ 先画灰部，再画亮部，最后画暗部（注意补色运用）。 以上介绍的步骤和方法各有优缺点，对初学者来说步骤①与方法②为最好，可保持画面的单纯、明快和色彩亮丽。因初学者往往色彩感觉不丰富，画色彩易越画色彩感觉越迟钝，最终画脏，故步骤①和方法②可避免初学者画脏、画丢、画坏。 初学者先采用步骤①和方法②训练等具有一定调色、用水、用笔、调整等基本技巧后，再采用其他画法和步骤。 3. 以湿画法用大笔"刷"的技巧铺背景大体色，要注意背景的微妙色差及明暗过渡；画背景留出主要物的外轮廓，不要画伤主要物外形；要适当留出背景高光较白部位；背景宜上浅下深，光源近处浅、远处深。 4. 画背景适当用水，干、湿结合用笔铺排，宜近浅、远深与背景连成一体，转折色处色略深，抓大感觉铺大体色，物体适当留白，以画大皱纹与肌理为主。			

续 表

教学环节 （时间）	教学内容与过程	教师活动	学生活动	教学方法与 教学策略
同步操作 （25分钟）	5. 画主要物体从亮部画起，先画固有色，调准固有色，同时在调色盘上将色摆开——对应上色，画所有物体半明部的大体固有色，注意同样的物体近处应亮，远处应略暗，形成色彩空间次序。如色彩不准或面积不当，可待完全干后，再覆盖；画主要物体颜色要纯正、厚重、饱和，以"摆"的技法为主。稳准铺排到位；笔触要顺应物体结构。 6. 画主要物体时，在固有色的基础上加深颜色调色，衔接铺排与固有色既有区别又要有联系。每一笔颜色要有区别，画到此时应适当加深背景、衬布的层次，尤其是色较深的部位，有深色与浅色的对比，才能把握好浅色的程度与画面的协调。 7. 画主要物体时，在固有色变化后的灰色基础上进一步调深，画明暗交界线。在明暗交界线的色上略加固有色。使色变浅，再画暗部可恰当表现暗部色及反光。 四、调整 作画中要机动、灵活地运用用水法、调色法、用笔法、造型法，最后用调整法。无论用哪一种上色方法及步骤都必须从整体着色、着大体色、逐步逐层整体推进深入，切忌一下子把某个物体画完。待整体完成所有物体亮部、灰部、暗部之后，用调整法调整画面。加深最暗的、点亮最亮的、减弱最跳的、提高较灰的，达到整体协调的画面效果。 调整要注意首先调整主要物体的色彩、色彩分层及变化，调整物体造型、形体结构、外轮廓等；其次调整画面明暗对比、色彩冷暖对比，画出最亮部分的高光及衔接。			

续 表

教学环节（时间）	教学内容与过程	教师活动	学生活动	教学方法与教学策略
品鉴作品（5分钟）	完成任务： 1. 欣赏学生作品，师生评价讨论； 2. 学生按小组评述、教师评价； 3. 教师对学生实操过程中具有代表性的问题进行阐述，对整个水粉绘制过程进行小结。 通过本堂课的学习，使学生进一步加深对补色知识的了解，同时明确补色的概念、作用以及应用方法。黑格尔曾说过："真正的创造就是艺术想象的活动"，但真正的想象是需要有情感体验的，没有情感的作用，想象就成了无源之水、无本之木了，想象的内容是自由的、宽广的。因此，希望学生在掌握绘画技巧的基础上，能激发他们更自由的想象力，最终能够绘制出有着更深层次个人情感、更有艺术价值的作品。	教师对学生实操过程中具有代表性的问题进行阐述，对整个水粉绘制过程进行小结。	学生自我评价并聆听教师评价与总结。	过程评价与结果评价结合，学生自评与教师评价结合。
布置作业（3分钟）	作业1：运用水粉工具绘制三组不同造型的植物； 作业2：通过阅读教材与查阅相关资料，预习形成物体色彩关系变化的三要素都有哪些内容，并查找一张能够说明上述内容的图片。	教师布置作业并进行课程总结。	通过训练，使学生能够运用色彩理论，完整表达园林景观。	巩固课堂学习内容，预习新知。
课后拓展	1. 分析课中： 对上课内容进行回顾，巩固知识技能； 2. 拓展训练： 学生课后巩固绘制剖面图的技法。	1. 课后指导； 2. 审阅学生报告并及时反馈； 3. 教学反思。	1. 对上课内容进行回顾，巩固知识技能； 2. 课后进行剖面图绘制实践。	通过课后回顾知识技能和课后技能训练，把学生的能力培养从课上延伸到课下，提升学习效果。
特色亮点	在课程学习过程中，任务案例示范操作、多媒体、现场教学教室和教学楼等方式综合运用，提高了学生的学习兴趣。			
反思诊改	1. 在进行中职美术教学过程中，补色原理是一个非常重要的教学环节，也是学生很难理解的一个环节，学生难以理解主要表现在以下几个方面：首先，两个毫不相干的颜色为什么会有这样的联系；其次，很难记忆这些颜色；最后，不明白补色的具体使用价值是什么。因此要想让学生学好补色，就必须解决上述几个问题。以切身体会为主，从亲自实践、自己寻找记忆方法及案例教学法三方面进行入手，从而帮助学生更加直观地掌握补色原理。			

续表

教学环节（时间）	教学内容与过程	教师活动	学生活动	教学方法与教学策略
反思诊改	2. 让学生在动手操作的过程中发现问题，采取组内先讨论的方式寻找解决问题的答案，能让学生得到更深刻的理解，一定程度上认识了学习色彩这门学科的综合性和复杂性。 3. 因为学生是初步接触色彩表达，所以对该学科的作画过程容易混淆，比如忘记绘制的先后顺序、忘记色彩调和规律，这就要求教师在以后的课程中，在讲解的时候一定要多加强调。			

四、教学效果与反思

在课程教学中注重融入爱国精神、职业道德、劳动精神、工匠精神等，给予学生正确的价值取向引导，以此提高学生缘事析理、自主学习能力、创新能力、职业道德素养，使学生养成遵守标准和遵纪守法的习惯，养成良好的职业道德。

五、本课程思政案例

本案例的教学内容是色彩的补色，补色是色彩教学中一个比较抽象且难以理解的内容，如何帮助学生提高对补色知识点的认识，培养学生正确地运用色彩表达情感，都是关键的一步，为此我们采用案例教学法来帮助学生更好地理解色彩原理。激发学生兴趣，充分发挥学生的主导作用，教师引导学生有针对性地进行实践练习，形成目的指向，促进学生对技能、知识的理解，深化其理论。在教学过程中，采用了启发式、讨论式、小组合作学习式等教学方法。课堂讲授时，在对应的内容后适时提些问题，让学生主动参与进来，寻找原因，与此同时切实做好美育教育工作。

"植物识别"课程思政教学设计案例

一、课程简介

"植物识别"是风景园林中本贯通专业的一门专业核心课程。其功能是让学生掌握园林植物识别及应用的基本知识和基本技能,具备从事绿化施工与养护、园林种苗生产方面绿化工、花卉工岗位的相关职业能力,为后续园林技术其他专业课的学习奠定基础。

二、课程目标

通过本课程的学习与训练,使学生能够了解本地区常见的园林植物种类,掌握主要分类方法、观赏特征和应用范围,达到园林生产、管理、养护单位和绿化工(四级)职业标准的相关要求,在此基础上达到以下知识获取、职业能力培养、价值塑造的目标:

- 正确识别常见的园林植物(树木、花卉、地被草坪)200种;
- 掌握常见园林植物的观赏特性和形态特征;
- 掌握园林植物的主要物候期(花期、果期);
- 熟悉常见园林植物的园林应用形式;
- 具备民族自豪感、自信心和爱国热情;
- 养成诚实守信、善于沟通与合作、精益求精的职业态度;
- 遵守安全操作规范,耐心细致尽职尽责,逐步养成吃苦耐劳的职业精神;
- 建立合适的学习方法、学习手段,学会创新性学习,提高自身综合素养,提高应用知识能力、表达能力、创新能力和科研能力。

课程内容与毕业要求见表1,项目内容与课程目标见表2。

表 1 课程内容与毕业要求

项目	模块	技能与学习水平		知识与学习水平		学时
		技能点	学习水平	知识点	学习水平	
园林树木识别	1.园林树木概述	• 园林树木的形态识别	• 能根据形态特征进行树种分类。	• 园林树木分类	• 理解树冠、树干、叶、花、果等部位的基本形态术语及习性； • 了解园林树木的分类依据及方法。	8
		• 园林树木的物候观察	• 能准确把握物候观察的内容； • 能对树种物候特征进行观察记录； • 会撰写物候观察报告。	• 园林树木物候观察方法	• 理解物候的定义； • 理解观察过程和记录要点； • 了解所观察形态发育的部位。	
	2.园林树木裸子植物	• 常见裸子植物识别	• 能根据形态特征识别常见裸子植物； • 能运用表格形式对观察结果进行记录和归纳。	• 常见裸子植物特征	• 理解裸子植物的定义； • 了解常见裸子植物的叶、花、果实等形态特征； • 了解园林绿化中常见裸子植物生态习性。	16
	3.园林树木被子植物	• 常见被子植物识别	• 能根据形态特征识别常见被子植物； • 能运用表格形式对观察结果进行记录和归纳。	• 常见被子植物特征	• 理解被子植物的定义； • 了解常见被子植物的叶、花、果实等形态特征； • 了解园林绿化中常见被子植物生态习性。	50
	4.园林树木识别	• 上海常用园林树木识别	• 能够根据叶、花、果实、树干等形态特征正确识别上海常用园林绿化树种。	• 上海常用园林绿化树种的形态特征	• 了解上海常用园林绿化树种的叶、花、果实、树干等形态特征。	40
园林花卉识别	1.园林花卉概述	• 园林花卉类型识别	• 能识别花卉的主要类型(一、二年生花卉、宿根花卉、球根花卉、水生花卉、温室花卉等)； • 会应用不同的分类法对常见花卉进行分类。	• 园林花卉的概念； • 园林花卉的分类。	• 理解园林花卉的概念； • 熟悉依据生长习性进行分类的方法； • 了解花卉根、茎、叶、花、果等器官的分类特点； • 了解各类花卉的实用分类方法。	4
	2.露地花卉	• 一、二年生花卉识别	• 能根据植株的叶、花、果等形态特征识别常见一、二年生花卉； • 能运用表格形	• 一年生花卉的特征； • 二年生花卉的特征。	• 理解一、二年生花卉的定义及类型； • 了解一、二年生花卉植株的叶、花、果等的形态特征；	40

续 表

项目	模块	技能与学习水平		知识与学习水平		学时
		技能点	学习水平	知识点	学习水平	
园林花卉识别	2.露地花卉		式对观察结果进行记录和归纳。		• 了解常见一、二年生花卉生态习性； • 了解一、二年生花卉在园林中的用途。	40
		• 宿根花卉的识别	• 能根据植株的叶、花、果等形态特征识别常见宿根花卉； • 能运用表格形式对观察结果进行记录和归纳。	• 宿根花卉的特征； • 宿根花卉的种类。	• 理解宿根花卉的定义； • 了解宿根花卉的叶、花、果等形态特征； • 了解常见宿根花卉生态习性； • 了解宿根花卉在园林中的应用。	
		• 球根花卉的识别	• 能根据植株的叶、花、果等形态特征识别常见球根花卉； • 能运用表格形式对观察结果进行记录和归纳。	• 球根花卉的特征； • 球根花卉的分类。	• 理解球根花卉的定义； • 了解球根花卉叶、花、果等形态特征； • 了解常见球根花卉生态习性； • 了解球根花卉在园林中的应用。	
		• 水生花卉的识别	• 能准确识别挺水类、浮水类、漂浮类、沉水类花卉； • 能运用表格形式对观察结果进行记录和归纳； • 能根据植株的叶、花、果等形态特征，识别出常见水生花卉。	• 水生花卉的特征； • 水生花卉的分类。	• 理解水生花卉的定义； • 了解水生花卉的类型（挺水类、浮水类、漂浮类、沉水类）及代表种； • 了解水生花卉的茎、叶、花等形态特征； • 了解常见水生花卉生态习性； • 了解水生花卉在园林中的应用。	
		• 草坪与地被植物的识别	• 能依据植株的叶、花、果等形态特征识别常见草坪与地被植物； • 能运用表格形式对观察结果进行记录和归纳。	• 草坪植物的特征； • 地被植物的特征。	• 理解草坪、地被的定义； • 了解草坪与地被植物的叶、花、果等形态特征； • 了解常见草坪与地被植物生态习性； • 了解草坪与地被植物在园林中的应用。	
	3.温室花卉	• 温室花卉的识别（温室一、二年生、宿根花卉、球根花卉）	• 能依据植株的叶、花、果等形态特征识别常见温室花卉； • 能运用表格形式对观察结果进行记录和归纳。	• 温室花卉的形态特征（温室一、二年生、宿根花卉、球根花卉）	• 理解温室花卉的定义； • 了解温室花卉的叶、花、果等形态特征； • 了解常见温室花卉生态习性； • 了解室内花卉的应用方法及经济价值。	40

续 表

项目	模块	技能与学习水平		知识与学习水平		学时
		技能点	学习水平	知识点	学习水平	
园林花卉识别	3. 温室花卉	• 温室仙人掌及多肉多浆植物	• 能依据植株的叶、花、果等形态特征正确识别常见温室仙人掌及多肉多浆植物。	• 温室仙人掌及多肉多浆植物的特征	• 了解温室仙人掌及多肉多浆植物的叶、花、果等形态特征； • 了解常见温室仙人掌及多肉多浆植物生态习性； • 了解温室仙人掌及多肉多浆植物的应用。	10
	4. 园林花卉识别	• 上海常用园林花卉识别	• 能够根据叶、花、果实等形态特征正确识别上海常用园林花卉。	• 上海常用园林花卉的形态特征	• 了解上海常用园林花卉的叶、花、果实等形态特征。	36
机动学时		8				
总学时		224				

表 2 项目内容与课程目标

教学活动名称	教学活动设计	参考学时
木兰科植物的识别	1. 学生同质分组：学生4、5人一组； 2. 教师安排任务：各组采集公园中木兰科树木，完成样本采集及照片的拍摄，总结记录木兰科植物的特点； 3. 分组汇报采集到的木兰科植物的种类及特点； 4. 教师巡回指导，对个别学生进行辅导，根据学生操作情况进行归纳总结； 5. 各组互评，教师进行点评，总结木兰科植物识别要点。	4
一、二年生花卉的识别	1. 同质分组：学生4、5人一组； 2. 教师事先对采集的花卉样本进行编号； 3. 每组分发10种不同花卉样本，成员合作写出种名并描述特征； 4. 教师巡回指导，并对个别学生进行辅导，根据学生操作情况进行归纳总结； 5. 每组交流各种植物，相互识别； 6. 各组互评，教师进行点评，总结一、二年生花卉的识别要点。	4
常用园林树木的识别	1. 学生同质分组：学生4、5人一组； 2. 教师安排任务：各组对公园中树木进行样本采集及照片拍摄，以常绿乔木、落叶乔木、常绿灌木、落叶灌木等进行分类； 3. 分组汇报各种类型植物的种类及特点； 4. 教师巡回指导，并对个别学生进行辅导，根据学生操作情况进行归纳总结； 5. 各组互评，教师进行点评，总结常用的园林树木识别要点。	4

续表

教学活动名称	教学活动设计	参考学时
常用水生植物的识别	1. 学生同质分组：学生4、5人一组； 2. 教师安排任务：各组对公园中的水生植物进行样本采集及照片拍摄； 3. 分组汇报各种类型植物的种类及特点； 4. 教师巡回指导，并对个别学生进行辅导，根据学生操作情况进行归纳总结； 5. 各组互评，教师进行点评，总结常用的园林树木识别要点。	4
古典园林常用植物的识别与应用鉴赏	1. 学生实地参观上海的豫园、古猗园，苏州的拙政园、留园、网师园、沧浪亭以及杭州的西湖景区等古典园林； 2. 教师安排任务：以小组为单位对园林中的植物进行识别，对其景观效果进行分析并进行照片的拍摄； 3. 分组汇报各种植物的种类及应用特点； 4. 教师巡回指导，并对学生进行辅导，根据学生操作情况进行归纳总结； 5. 各组互评，教师进行点评，总结古典园林中常用的植物种类。对每个园林的植物应用情况里进行详细的讲解。	12

三、教学设计方案

按照教学设计思路、教学方法手段和课堂组织形式，以实录形式图文并茂地具体展示45分钟课内的完整教学设计和教学实施流程说明，尽可能细致地反映出教师的思考和教学设计，要求教学设计样例应具有较强的可读性，表述清晰流畅。

班 级	风园201			
日 期				
周 次				
课 次				
课 时	1	课型	理实一体	
课 题	园林树木裸子植物——松科植物的识别			
教学目标	知识目标：了解松科植物的主要特征；了解常见松科植物的叶、花、种子等形态特征；了解常见松科植物生态习性及用途。 技能目标：能根据形态特征识别常见裸子植物，能运用表格形式对观察结果进行记录和归纳。 情感目标：学生运用植物分类知识，观察、对比、分析、总结植物识别特征，提高学生自主探究能力。通过对中华传统文化植物的学习，激发学生的民族自豪感、自信心和爱国热情。			

续表

教学重点	能够掌握白皮松、黑松、五针松等常见松科植物的识别要点
教学难点	能够归纳说明松科植物的主要特征 能够知道常用专业术语
时间分配 （分钟）	5＋10＋15＋7＋8
教学资源 与设备	实地植物
教学地点	龙华烈士陵园

教学过程				
教学 环节	教学内容	教师活动	学生活动	设计意图及 思政点
课前研习	1. 课前任务：查阅松科植物的传统寓意。 2. 知识储备：查阅松科植物在园林中应用的图片。	在学习平台发布任务	1. 接受任务。 2. 搜集松科植物的传统寓意；搜集松科植物在园林中的应用。	引导学生了解松科植物的文化内涵；欣赏松科植物的景观应用。
课程回顾与导入(5分钟)	1. 回顾裸子植物的定义。 2. 导入松科植物的识别：《论语·子罕》曰："岁寒，然后知松柏之凋也。"歌颂了松的什么品格？体现了松科植物什么习性？ 3. 任务详解：学生分组，布置讲解学习任务单《松科植物的识别》	1. 上节课裸子植物相关知识掌握情况。 2. 引导学生学习松科植物文化内涵及生态习性。松柏多为常绿乔木，喜温抗寒，对土壤酸碱度适应性强，广泛分布于我国华北南部及华东地区，亦常用作园林观赏树种。孔子以松比德，用松柏象征坚强不屈的品格。 3. 学生分组。介绍公园绿化布局，主要步行道路，并强调纪律。导入《松科植物的识别》任务单。	1. 学生回答。 2. 学生思考并回答松科植物文化内涵及生态习性。 3. 学生任务：①了解公园概况，知道此次行走路线；② 分4,5人一组，组内明确各成员任务职责；③观察、记录、整理完成任务单。	温故而知新。 融入文化自信思政点：学习中华传统文化及古代美学思想，情理交融，融情入理，激发学生民族自豪感、自信心。 （思政材料来源：孔子以松比德，用松柏象征坚强不屈的品格。古人常把松、竹、梅誉为"岁寒三友"。）
集中学习（10分钟）	1. 识别流程：树形、枝干、叶、花、种子； 2. 识别步骤：先观整体再看局部；先看树形、枝干，再看叶、花、种子；	1. 引导学生探索松科植物识别步骤与流程； 2. 引导学生结合课本，从整体到局部识别，若不在花果期可不观察。	1. 认真聆听教师讲解并回答问题：针叶树的叶形类型？ 2. 观察白皮松，填写任务单树形、	通过设计流程分析，引导学生明析相关的流程和注意事项。 融入思政点：学会辩证思维。 学会辩证思维要以

续 表

教学环节	教学内容	教师活动	学生活动	设计意图及思政点
集中学习（10分钟）	3. 白皮松的识别。	白皮松： 1. 松科松属，常绿乔木； 2. 树形：树冠阔圆锥形； 3. 枝干：老树树皮薄鳞片状脱落，内皮乳白色； 4. 叶：三针一束，粗硬，叶鞘早落。	枝干、叶等相关信息。	联系、发展的方法来看待问题。 白皮松的特征与松科植物的特征是共性与个性的关系。科的主要特征是这一科所有植物的共性，白皮松这一种的具体形态特征是个性。个性中体现共性，共性中又有个性。 （思政材料来源：辩证唯物主义是中国共产党人的世界观和方法论，辩证唯物主义认为，人的认识活动和实践活动，从根本上说就是不断认识矛盾、不断解决矛盾的过程。）
小组探究（15分钟）	根据识别流程，学生自己探索黑松、五针松的识别特征、习性与应用，完成《松科植物的识别》任务单。	1. 教师巡视指导； 2. 教师引导学生仔细观察、分析比较，让学生不断积累经验，体会认识与实践的关系。	1. 学生小组试做； 2. 观察并完成任务单； 3. 提出实践中遇到的问题，和小组成员交流讨论。	学生从实践到认识，在做中探索。 融入思政点：实践出真知。 （《毛泽东选集》："实践是检验真理的唯一标准。"）
交流点评（7分钟）	交流点评学生作业。	1. 组织学生交流实践感悟、遇到的问题并进行解决； 2. 组织学生进行评价打分； 3. 点评学生作业，指导整改方向。	1. 小组长交流实践感悟； 2. 进行自评和互评； 3. 倾听教师点评，明确今后努力的方向。	通过学生交流点评，提升学生对野外实践、自然活动的认识，养成尊重自然、热爱自然的意识，强化如何与客户进行沟通交流。
练习总结（8分钟）	1. 练习： 松科植物的针叶有利于降低水分的蒸腾？松科植物的应用有哪些？ 2. 松科主要特征、习性与应用。 3. 松科常见植物识别特征。	1. 提出问题； 2. 总结松科植物主要特征： 常绿或落叶乔木，稀灌木状；叶条形、四棱状条形或披针形，螺旋状互生或簇生；球花单性，雌雄同株，雄蕊与珠鳞多数，螺旋状排	1. 回答问题； 2. 认真听教师的总结评价，巩固知识要点。	通过练习巩固课程知识要点和提升能力。 思政点融入：生态文明。 松科植物寿命长，是森林更新、造林重要树种。增加植被的覆盖能够降低风速，

续 表

教学环节	教学内容	教师活动	学生活动	设计意图及思政点
练习总结（8分钟）	4. 识别流程。	列；球果成熟时开裂，有2粒种子，种子上端通常具一膜翅。 松科植物寿命长，适应性强，是森林更新、造林重要树种，起涵养水源、保持水土、防风固沙作用。 3. 总结松科常见植物黑松、五针松识别特征。 4. 归纳识别流程：整体到局部，从大到小，由表及里。		减少沙尘暴的发生，同时森林的覆盖还能减少水土流失。 （思政材料来源：习近平总书记在党的十九大报告中指出："坚持人与自然和谐共生。必须树立和践行绿水青山就是金山银山的理念，坚持节约资源和保护环境的基本国策"。）
课后拓展	1. 对上课内容进行回顾，巩固知识技能。 2. 拓展学习其余松科植物。	1. 课后指导。 2. 审阅学生报告并及时反馈。 3. 教学反思。	1. 对上课内容进行回顾，巩固知识技能。 2. 课后学习马尾松、油松、湿地松等松科植物。	通过课后回顾知识技能和课后技能训练，把学生的能力培养从课上延伸到课下，提升学习效果。
特色亮点	学习任务设计以工作过程导向为出发点，采用任务驱动法，形成"四步"教学策略，即集中学习、小组探究、交流点评、练习总结四步教学策略，学生从认识到实践、从实践到再认识、再实践，循环往复，螺旋式地提升学习能力。通过学生的课前研习与课中体验，引导学生在生活中思考问题，寻找答案，学会举一反三，在设计实践中培养学生核心意识、环保意识及审美情趣。			

四、教学效果与反思

学生对公园实践课程兴趣比较浓厚，基本能以小组为单位观察并记录植物识别特征，并按时集合。但个别学生自主性差，多次做课堂以外的事情，如聊天、发呆等，需不断提醒才能进行实际活动。

五、本课程思政案例

中国被誉为"世界园林之母"，种质资源丰富，这是自然界留给人类的最宝贵财富（增强了学生的民族自豪感、自信心和爱国热情）。我国植物资源的探索发展离不开老一辈林学家、树木学家和园林植物学家的辛勤探索与艰苦奋斗。

胡先骕是我国著名的植物学家和教育家，被誉为中国植物分类学的奠基人。胡先骕与秉志联合创办中国科学社生物研究所和静生生物调查所，并创办庐山森林植物园，为发展我国植物分类学创造了条件。胡先骕和郑万钧于1948年联合发表《水杉新科及生存之水杉新种》一文,正式把采自四川万县(今重庆市万州区)的植物命名为水杉,公之于世,一种早已"不复存在"物种的重新发现和命名,引起了世界各国植物学家特别是古植物学家的重视。作为近代植物学界的重大发现之一,曾轰动全世界。

钟扬是"2019感动中国十大人物"之一,他收集了上千种植物的4 000多万粒种子,占西藏物种的1/5,填补了世界种质资源库没有西藏种子的空白。十多年来,他在雪域高原跋涉50多万千米,从藏北高原到喜马拉雅山区,从阿里无人区到波涛汹涌的雅鲁藏布江畔,到处都留下了他忙碌的身影。钟扬曾与学生说过"最好的植物学研究,一定不是坐在办公室里做出来的"。他的视线和目标已经超越了一己之利,他关注的是国家、民族甚至是全人类的命运和福祉。从钟扬身上,我们看到了执着的事业心,看到了一个科学家的责任与担当,更看到了一个知识分子的家国情怀。

"园林植物环境"课程思政教学设计案例

一、课程简介

"园林植物环境"是风景园林专业的一门专业基础课程。针对风景园林专业的特点，从知识为技能服务的原则出发，选择植物形态、植物生态和园林土壤肥料的有关知识为主要内容，为进一步学习专业课程如园林树木识别、园林花卉识别奠定基础，其知识和技能在园林植保相关专业生产实践中有很重要的实用价值。

二、课程目标

通过本课程的学习，使学生能够了解植物细胞的构造与功能、植物组织的分类特征和功能；能详细了解植物的各种器官形态、结构和功能；初步掌握植物各类群的植物特征，掌握植物分类的知识；了解温度、水、大气、生物、土壤和地理等生态因子的基本特征，掌握各生态因子与园林植物生长的基本关系以及环境因子调控在园林绿化中的应用。在完成本课程相关岗位的工作任务中培养学生诚实守信、善于沟通、合作的品质，弘扬吃苦耐劳的职业精神，养成环保节约、尊重生命的职业素养，增强文化自信。

三、教学设计方案

教学章节：第四章第一节"花序"			
教学过程			
教学环节	教师活动	学生活动	设计意图及思政点
1. 课程回顾（2分钟）	1. 每个小组发放一部分花； 2. 与学生一起用现场的花回顾上节课所学的花的形态结构知识。	以现场的花卉为例，回顾所学知识。	通过实物观察，加深学生回顾知识的感官印象，巩固所学知识。
2. 课堂导入（2分钟）	1. 植物的花只有桌子上这几种一个花柄一朵花的样子吗？ 2. 思路放远一点，我国是五千年未间断的文明古国，古代的文人墨客特别喜欢用花草来抒发感情。例如2 600年前的诗经里有一首很有名的诗：《蒹葭》。 蒹葭是什么？芦苇。 芦苇的花是什么样子？是图中的样子，跟桌子上的花有什么不同？芦苇的花是一堆花，而不是一个花。 3. 总结：植物不但可以一次开一个花，而且可以一次开一堆花。这就是本节课所要了解的：花序。	1. 吟诵《蒹葭》； 2. 根据教师的引导聆听和思考，同时回答老师的提问。	通过设问，以及用古诗文举例，让学生在轻松的气氛中，自然过渡到本节课的学习。 思政点：通过介绍和朗诵《蒹葭》，分享传统诗词文化，加强爱国主义教育，弘扬中华文化，提升文化自信。
3. 新课讲授（30分钟）	花序的意义（1分钟）	1. 设问：植物为什么要消耗大量能量开一堆花呢？为什么不开一朵花呢？ 2. 情景代入：让学生在广场跳舞，是一个人跳舞更能引起别人注意呢，还是全班一起跳集体舞更能引起注意呢？	根据教师引导，回答教师问题。 思考：哪种舞蹈更能引起注意？ 聆听教师的解析。	承接上文，自然引出设问，同时以情景代入的方法，通过学生熟悉的跳舞活动来比拟单花与群花的区别，让学生体会群花的好处。通过一系列的引导，让学生的思路一致延续下来。 思政点：通过学生参加集

续　表

教学环节		教师活动	学生活动	设计意图及思政点
3.新课讲授(30分钟)	花序的意义(1分钟)	3. 解析：植物也一样。植物中一半以上依靠昆虫传粉。能否吸引昆虫就变得很重要。显然，一堆花"跳舞"更能引起昆虫的注意。 4. 结论：一堆花一起开有利于昆虫传粉。		体活动来比拟花序作用，寓教于乐中强调团队合作精神。
	花序概念(1分钟)	拟人：跳集体舞，肯定需要排个队形。一堆花在一起，也同样需要排个队形。 一堆花的队形排列叫什么呢？花序。 花在总花柄上有规律的排列方式，称为花序。	根据教师的引导聆听和思考，同时回答教师的提问，学习新知识	通过集体舞排队型的例子，形象地说明化的排序问题，自然过渡到花序概念上来。这样比单纯的介绍概念更能引起学生的兴趣。 思政点：通过团队活动中排队列的例子，引出花序概念的同时，强调团队活动的有序性。
	花序类型(2分钟)	设问：以笔比作花轴，花的开放肯定有两种情况：一种是由下而上，一种是由上而下，有什么不同？ 解析：不同在于能不能持续开花。由下而上开花的植物，花轴上部一直处于生长阶段，发出新花，后部的花逐步衰败，这样前面开新花，后面老花衰败，理论上可以一直开花。因此，叫无限花序。 反之，则叫有限花序。	根据教师的设问，思考并聆听，学习新知识。	采用设问方式，以笔代替花轴，形象地展示两种不同形式的开花状态，由此引出两种花序类型。
	无限花序(27分钟)	1. 展示：开门见山地列出无限花序所有的类型，12种。 2. 质疑：这么多，杂乱无章，怎么记？记不住！怎么办？	1. 看到12种花序的罗列后震惊和无奈。好奇有什么好方法可以记忆和理解。 2. 按照教师的思路，学习12种花序，同时做好笔记，掌握花序的内在逻辑。 3. 根据教师所讲知识，分小组识别现场花卉。 4. 感受中华文化的魅力。	采用先抑后扬的手法，先把12种杂乱无章的花序罗列出来，让学生有视觉上的冲击，让他们不由得产生难以记忆的感觉。然后抛出教师自创的学习方法和学习思路，这样强烈的对比，可以让学生更重视后面结构图内在逻辑的理解与学习。最后，再分享教师自编的记忆口诀，帮助学生进一步梳理专业知识。同时，在介绍花序时，力求语言生动灵活，采用学生日常生活中的例

续 表

教学环节		教师活动	学生活动	设计意图及思政点
3. 新课讲授（30分钟）	无限花序（27分钟）	3. 创新：教师在日常教学中，总结出一套规律，可以把12种分散的花序串起来，成为一个有内在逻辑的体系，叫花序结构图。 4. 绘图：从最基础的总状花序开始，教师按照自创的内在逻辑顺序，依次介绍12中花序，同时在黑板上画出简图。介绍时力求语言生动，不死板。 5. 实操：每介绍一种花序，让每个小组通过所学知识观察一下现场花卉，找一找对应花序的花。 6. 德育：在介绍12种花序中的柔荑花序时，指出柔荑是2 600年前的古汉语。感叹古人的语言和用词过了2 600年还在被园林前辈使用，着实伟大。大家要像园林前辈学习，不但要学好专业知识，而且要弘扬中华传统文化。 7. 总结：介绍完12种花序后，再次梳理一遍自创的花序结构图。 8. 口诀：分享教师自编的无限花序记忆口诀。	5. 学习和记忆识别口诀： 总状单轴分两侧 伞房平头总状花 伞形顶分爆炸头 头状头生无梗花 隐头内卷花内生 穗状似总直无梗 肉穗肉轴外苞片 柔荑似穗轴柔软 复总分枝再总状 复穗复伞复伞房 分枝一次花序成	子，运用学生听得懂的语言，让学生在轻松的氛围中学习知识。最后，通过学习柔荑花序，加强德育教育，引导学生树立成为有技能有素养的现代园林人的理念。 思政点：1. 通过介绍教师自编的花序结构图，强调处理问题时勤于思考、灵活变通的能力。2. 通过柔荑花序中柔荑的介绍，加强中华传统文化教育，引导学生树立成为有技能有素养的现代园林人的理念。3. 通过介绍口诀，强调工作中知识梳理和归纳能力的重要性。
4. 实操识别（1分钟）		教师巡视指导。	每个小组根据组内各成员整理的花序结构图和教师分享的记忆口诀，观察现场的各种花卉，讨论每种花卉的具体花序类型和识别方法。	通过小组探究学习和实际操练，提高学生学习积极性，巩固学习效果。 思政点：团队合作、互帮互助。
5. 知识测验（1分钟）		组织进行花序类型识别测验。	分小组通过花卉实物识别的方法进行知识小测验。	通过实操小测验，完成对学生学习效果的认可，进一步提高学习效果。
6. 课程总结（3分钟）		总结本节课所学知识。 预告下节课所讲知识：学习4种有限花序。	聆听，思考。	总结课堂内容，预告下节内容，自然过渡到第二节课。

授课 ppt 截图：

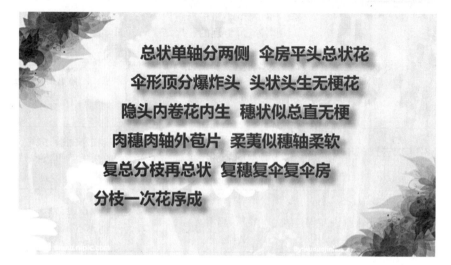

四、教学效果与反思

(1) 重视学生自主学习的欲望和能力。要在如何调动学生欲望、进行自主学习的问题上多下功夫,多钻研多思考。

(2) 重视把抽象的知识形象化、具体化。课本的知识很多是比较抽象的,学生不容易理解和记忆。教师要通过自身积累的经验,把抽象的知识转化为学生能听得懂的形象化、具体化知识,让学生能够更好地学习。

(3) 勤于思考,把分散的知识系统化。基础类课程的特点是知识点分散,不便记忆。教师需要通过自身教学经验,灵活总结知识点的内在联系,想办法把分散的知识点串联起来,让学生系统学习和记忆,效果很好。

(4) 重视观察学生日常生活。对于职业教育的学生来说,如果在教学中穿插一些他们自己生活中常常遇到和经历到的事情,而不是一些高大上的案例,他们对知识的理解会更好。这也要求教师多去观察、多去思考,特别是站在学生的角度去思考问题,想其所想。

(5) 重视思想政治教育的灵活嵌入。课程思政,并不是生硬地喊口号,而是需要灵活嵌入课程教学中,需要教师在吃透课程教学内容的基础上,依靠自身的知识储备,灵活地把思想政治教育融入课程教学过程中,让学生潜移默化地接受思想政治教育。

"园林工程材料识别与应用"课程思政教学设计案例

一、课程简介

"园林工程材料识别与应用"是风景园林专业的一门专业基础课程,其功能是配合学生学习"园林工程施工与管理"课程中关于园林工程材料方面的基本知识和基本技能,使学生具备从事园林工程材料运用管理所需的相关职业能力。它是园林制图、园林测量的后续课程,并为园林综合实训、园林设计等专业课打下园林工程材料运用方面的基础。

二、课程目标

通过本课程的学习,使学生能够从园林工程材料入手,辅助园林工程各分部工程识图分析,具备园林工程材料的识别应用、存放运输、质量检测等知识、技能。同时培养学生良好的职业道德和安全意识以及遵纪守法、求真务实的良好品质,并达到以下职业能力培养目标:

- 能识读施工图纸中的景观材料图例;
- 能理解景观材料的文字表述内容;
- 会配合采集基础材料进行材料检测;
- 能识别各种基础面层材料;
- 能识别常用的石景材料;
- 能识别室外常用防腐木材料;
- 能对涉及的园林木作材料做出鉴别并初步分出质量等级;
- 能进行园林水景材料组合并识别一般园林电工材料。

三、教学设计方案

班　级	风园191			
日　期				
周　次	第5周			
课　次				
课　时	1	课型	理实一体	
课　题	园林工程砌体材料——砖			
教学目标	知识目标：知道砖的特点、常用砖的类型。 技能目标：能根据砖的特点正确识别和应用各类砖。 情感目标：学生通过了解砖的历史，感受中华文明，激发民族自豪感和自信心。			
教学重点	掌握砖的特点； 记住砖的常见类型。			
教学难点	能正确识别砖的品种； 能根据砖的类型及特点正确应用在合适的工程中。			
时间分配 （分钟）	5＋5＋20＋10＋5			
教学资源 与设备	讲授、示范			
教学地点	2号楼			

教　学　过　程			
教学 环节	教学内容	教师活动	学生活动	设计意图及 思政点
课前研习	1. 课前任务：查阅"秦砖汉瓦"。 2. 知识储备：查阅砖瓦的起源和发展。	在学习平台发布任务	1. 接受任务。 2. 搜集"秦砖汉瓦"相关知识。	引导学生了解中国古代建筑材料。 探究中华民族的悠久文明和建筑材料的发展历史。
课程回顾 与导入 （5分钟）	1. 回顾"土木工程"这一名词的由来。 2. 导入：从与砖有关的成语，到万里长城的修筑，了解砖的起源。	上节课关于土木工程名词的回顾。	1. 学生分组。 2. 总结记录。	温故而知新。 感受中国古代劳动人民的智慧，从而建立文化自信。

续 表

教学环节	教学内容	教师活动	学生活动	设计意图及思政点
课程回顾与导入（5分钟）				
提问题（5分钟）	提出问题： 1. 砖和粗陶有什么关系？ 2. 先有砖还是先有瓦？ 3. 习武之人为何总喜欢"欺负"砖？	1. 导入关于砖的3个问题。 2. 启发和引导学生思考。	1. 认真聆听并记录问题。 2. 分析和探究。 3. 组织问题答案。	
探奥秘（20分钟）	1. 砖和粗陶有什么关系？探起源、说工艺、爱家园：黏土烧结砖就是一种粗陶；青砖、红砖的工艺差别；黏土烧结工艺消耗资源、污染环境。	1. 引导学生思考、延展、串联和获取新知识。 2. 组织讨论。 3. 介绍国家关于禁止使用"红砖"的规定。 4. 展开介绍砖的其他知识。强调"砖不可用于承重结构"。	1. 思考、讨论并查找相关资料一同验证。 2. 讨论反馈。 3. 记录课堂笔记。	通过探奥秘流程，引导学生逐步掌握深入认识事物的能力以及严谨论证的科学态度。 通过工艺介绍、法规解读，引导学生爱护环境，保护绿水青山，建设生态家园。

续 表

教学环节	教学内容	教师活动	学生活动	设计意图及思政点
探奥秘 （20分钟）	2. 先有砖还是先有瓦？辨次序：考古研究发现瓦出现的年代更久远。 3. 习武之人为何总喜欢"欺负"砖？问题核心是：砖有脆性大的特点。强调"砖不可用于承重结构"。介绍砖的不同类型和特点。			
辨实物 （5分钟）	1. 教师根据砖的常见类型进行实物展示。 2. 引导学生从外形尺寸、颜色、重量等方面对比观察和记忆。	1. 教师根据砖的常见类型进行实物展示。 2. 引导学生从外形尺寸、颜色、重量等方面对比观察和记忆。 3. 巡视各组观察和记录情况。	1. 观察各类型砖。 2. 动手拿取，相互比较。 3. 记录。	学生从实践到认识，在做中探索。
细总结 （5分钟）	1. 打分评价。 2. 总结砖的种类和特点： 　从所采用的原材料上分为黏土砖、灰砂砖、页岩砖、煤矸石砖、水泥砖、矿渣砖等。从形状上分	1. 教师根据各组观察和记录情况进行评价打分。 2. 提炼总结。	1. 进行自评和互评。 2. 认真听教师的总结评价，巩固知识要点。	通过总结课程重点，固化知识和能力。

续 表

教学环节	教学内容	教师活动	学生活动	设计意图及思政点
细总结（5分钟）	为实心砖及多孔砖。主要应用的五种：烧结普通砖、烧结多孔砖、烧结空心砖、蒸压灰砂空心砖、蒸压粉煤灰砖。砖的优点：取材很方便，煅烧温度较低便于加工，抗压强度很高，运输方便，保温隔热效果好。缺点：孔隙率比较大，而且它的抗弯抗剪的强度都比较低。			
课后拓展	1. 回顾复习：对上课内容进行回顾，巩固加深记忆。2. 拓展预习：砖的砌筑方式有哪些？铺装材料中的砖有哪些？	1. 课后指导。2. 教学反思。	1. 对上课内容进行回顾，巩固知识技能。2. 课后查找拓展内容的相关资料。	通过课后回顾，把学生的能力培养从课上延伸到课下，提升和巩固学习效果。
特色亮点	学习任务设计以工作过程导向为出发点，采用提问题、探奥秘、辨实物、细总结的四步教学策略，使学生从认识到实践、从实践到再认识、再实践，循环往复，螺旋式地提升学习能力。通过学生课前研习与课中体验，引导学生在生活中思考问题，寻找答案，学会科学分析和探究奥秘的能力，养成爱护环境、遵守法纪的正确观念，逐步形成文化自信。			
反思整改	在本节课中，学生能够利用手机和网络开展资料搜集任务，参与度高，但是由于网上信息量大，不易筛选，会对学生造成一定困扰，总体上不影响完成任务的获得感。教学过程中发现缺少合适的教学资源，于是针对中职学生学习特点开发建设"园林工程材料识别与应用"网络课程，使学生突破学习模式的限制，充分享受学习的自由和快乐。			

"园林制图与识图"课程思政教学设计案例

一、课程简介

"园林制图与识图"课程是园林专业的一门专业基础课程,也是引导学生形成专业思维和空间想象力的入门课程。

二、课程目标

"园林制图与识图"是一门基础性的职业技能必修课,是介绍园林工程图样绘制和识读技能的一门课程。识读和绘制园林工程专业各类工程图的基本能力,是职业能力中最基本、最重要的一项技能。本课程紧紧围绕"制图"与"识图"进行深入浅出的讲解,培养学生扎实的职业技能及严谨细致的工作作风。

三、教学设计方案

班 级	风景园林	日 期		
周 次	第7周	课 次		
课 时	1	课 型	理实一体	
课 题	建筑剖面图			
教学目标	知识目标:掌握剖面图的种类,熟悉剖面图图示内容,掌握剖面图识读要点,掌握绘图工具和仪器的正确使用方法。 技能目标:能够根据所给图纸从多方面进行图纸分析;根据平面图与立面图等,综合分析与绘制剖面图;具备较好的沟通表达能力、严谨的治学精神和团队合作能力。 情感目标:培养敬业、精益求精的工匠精神,培养学生严以律己、知难而进的意志和毅力及对技能精益求精的良好职业品质,养成规范的作图习惯。			
教学重点	熟悉剖面图图示内容,掌握剖面图识读要点及基本绘制方法。			

续 表

教学难点	能够根据所给图纸从多方面进行图纸分析；根据平面图与剖面图等，综合分析图纸内容。
时间分配（分钟）	5＋10＋20＋5＋5
教学资源与设备	教学资源：视频、授课PPT、学校网络教学平台 设备资源：制图工具、制图复写台、投影仪
教学地点	6号楼
教学后记	在课程教学中注重融入爱国精神、职业道德、劳动精神、工匠精神等，给予学生正确的价值取向引导，以此提高学生缘事析理、自主学习能力、创新能力、职业道德素养。使学生养成遵守标准和遵纪守法的习惯，养成良好的职业道德素养。

教 学 过 程					
教学环节	教学内容	教师活动	学生活动	设计意图及思政点
课前研习	课前任务： 教师通过校网络教学平台上传建筑剖面图绘制流程及步骤、建筑剖面图绘制注意事项、制图规范，发布学习任务单，并通过微信进行推送提醒。	在校网络教学平台发布任务。	1. 学生接到预习通知。 2. 登录教学平台下载课件、教师录制的微视频、教学动画、参考资料等信息化教学资源进行自主学习。	设计意图：引导学生提前了解建筑剖面的基本知识。 融入思政点：要从小事做起，从细微处入手，有意识培养学生的良好习惯，久而久之，习惯就会成为一种自然，即自觉的行为。
课程导入（5分钟）	引入概念：剖面图的形成与命名 1. 剖面的形成：播放建筑动画，展示剖面形成原理，得出结论。 2. 假想用一铅垂剖切面将房屋剖切开后移去靠近观察者的部分，作出剩下部分的投影图。	1. 教师引导学生分析剖面形成的原理及分类。 2. 提出问题引导学生回答。	认真聆听教师讲解并回答问题。	融入思政点：在图纸分析的过程中，培养学生敬业、精益求精、专注、创新等方面的工匠精神。
探流程（10分钟）	1. 分组、讨论：剖面所展示内容。 2. 总结： ⓐ 模型中所展示的构件：室内底层地面、各层楼面、屋顶、楼梯、阳台、雨篷、室外地面等剖切到和可见的建筑构配件。	1. 分组讨论结束后，教师总结知识点。 2. 引导学生探索剖面图绘制步骤与流程。	1. 班级分组、每个小组一个建筑模型，进行分组讨论。 2. 每个小组发言，简述在模型中所展示的内容有哪些。	通过流程分析，引导学生明晰相关的流程和注意事项。

续 表

教学环节	教学内容	教师活动	学生活动	设计意图及思政点
探流程（10分钟）	ⓑ 图名、比例、定位轴线及间距尺寸。 ⓒ 标高和尺寸：外部尺寸、内部尺寸、标高。 ⓓ 详图索引。			
同步操作（20分钟）	1. 了解图名与比例。由于不同的建筑中剖面图的数量不一样，所以读图时要先看图名，再从底层平面图上查阅相应的剖切符号的剖切位置、投影方向，大致了解一下建筑被剖切的部分和未被剖切但可见的部分。本案例单檐亭子的平面图上有一个剖切符号，即有一个剖面图。 2. 了解该剖切符号剖切了亭子底部至屋顶，绘制时从底部到屋顶逐层了解被剖切到的亭子底部、柱子、梁、屋顶等。 3. 掌握可见构件图中可见构部件：承重柱、檐枋、屋架与屋面结构等。需注意，可见构部件细实线绘制。 4. 掌握标高及尺寸。 • 外部尺寸绘制方法：门、窗洞口尺寸、层间高度、总高度。 • 内部尺寸绘制方法：室内门、窗高度、楼梯标注。室内外地面、各层楼面与楼梯平台、门窗、屋顶等标高。	1. 教师示范，对存在的问题进行解释说明，在示范操作演示中找到解决的对策。 2. 提炼制图绘制要点。 3. 指导学生整改作品。	1. 认真听教师讲解。 2. 根据教师演示分析，思考整改对策。 3. 绘制单檐八角亭1—1剖面图，并拍摄照片上传平台。	示范演示：学生进行再认识、再实践。 思政点：1. 课程中提到的剖面图是以中国古典建筑单檐八角亭为例，学生在做讲解的同时，也了解到我国传统工艺的博大精深，由此加强学生的文化自信与价值观自信。 （思政材料来源："文化自信"在2014年2月24日的中央政治局第十三次集体学习中，习近平提出要"增强文化自信和价值观自信"。） 2. 帮助学生克服畏难情绪，培养学生严以律己、知难而进的意志和毅力及对技术精益求精的良好职业品质。

续表

教学环节	教学内容	教师活动	学生活动	设计意图及思政点
同步操作 (20分钟)	5. 详图索引符号的位置和编号索引,图样中的构部件,需另见详图绘制方法。 6. 总结剖面图作用:表示房屋内部的结构,分层情况和各部位的联系、材料及内部垂直方向高度等,是与立面图、平面图相互配合不可缺少的图样之一。			
点评图纸 (5分钟)	欣赏与点评学生作品。	组织学生对单檐八角亭1—1剖面图绘制重难点进行解说、评价与打分。	1. 小组长解说每组作品的达成度。 2. 倾听教师点评,明确今后努力的方向。	通过学生解说作品,提升审美情趣和对生活艺术的热爱,强化如何与客户进行沟通交流。
评价总结 (5分钟)	1. 简单总结本节课的内容。 2. 根据学生课堂知识点掌握情况,选择难度适宜的课后作业供学生进一步学习。	1. 教师组织学生对四个小组作品进行评价打分。 2. 提炼总结。绘制剖面图的方法与原则。坚定文化自信,扎根人民群众,深入生活实践。	1. 进行自评和互评。 2. 认真听教师的总结评价,巩固知识要点。	通过总结课程重点,固化知识和能力。
课后拓展	1. 分析课中:对上课内容进行回顾,巩固知识技能。 2. 拓展训练:学生课后巩固绘制剖面图的技法。	1. 课后指导。 2. 审阅学生报告并及时反馈。 3. 教学反思。	1. 对上课内容进行回顾,巩固知识技能。 2. 课后进行剖面图绘制实践。	通过课后回顾知识技能和技能训练,把学生的能力培养从课上延伸到课下,提升学习效果。
特色亮点	在课程学习过程中,建筑施工图纸、多媒体、现场教学教室和教学楼等方式综合运用,提高了学生的学习兴趣。			

四、教学效果与反思

在课程教学中注重融入爱国精神、职业道德、劳动精神、工匠精神等,给予学生正确的价值取向引导,以此提高学生缘事析理、自主学习能力、创新能力、职业道德素养。使学生养成遵守标准和遵纪守法的习惯,培养良好的职业道德素养。

五、本课程思政案例

案例1　工匠精神

培养学生树立新时代的设计思想；爱岗敬业的工匠精神；认真负责的工作态度和一丝不苟的工作作风。爱护每一台教具产品，按规开启与移动；按规定摆放各类工具、量具。及时清理工作场地。离开实训室时，必须做到关闭窗户、关闭电源。杜绝一切安全事故的发生。

案例2　法制、诚信

在授课过程中，适时融入中外知识产权保护的法律法规，使学生认识到严格遵守相关法律的重要性，培养尊重知识产权的诚信精神。严格遵守日常的行为准则、职业规范与职业道德。

"园林绿地养护"课程思政教学设计案例

一、课程简介

"园林绿地养护"是风景园林专业的一门专业拓展课程,本课程以园林绿地养护项目为线索,包括园林绿地肥水的管理、园林乔灌木的修剪和各种绿地类型的养护管理、编制养护年月日历及古树名木的养护和自然灾害的应对等学习内容。本课程是园林植物栽培和绿化施工的后续课程。学习和掌握园林绿地养护技术,对城市绿化建设的完成具有重要实践意义。

二、课程目标

通过本课程的学习,学生能够掌握园林绿地养护的基本知识、基本流程和基本操作技能,了解城市园林工作的意义和特点,掌握园林绿化养护的基本技术,掌握各种类型绿地的日常养护和基本方法及安全操作技术规则。在完成本专业相关岗位的工作任务中,培养学生诚信、刻苦、善于沟通与合作的品质,树立全局意识、协作意识和团结意识,培养学生良好的职业道德,为发展学生的职业能力奠定良好的基础。

三、教学设计方案

班 级	风景园林			
日 期				
周 次				
课 次				
学 时	1	课型		理实一体
课 题	常见花灌木修剪——木槿修剪			

续 表

教学目标	知识目标：掌握木槿修剪的步骤与要求。 技能目标：运用修剪技术，正确实施木槿修剪。 情感目标：培养认真、细心、爱护花草的职业素养，增强团结合作、安全环保的职业意识。
教学重点	根据花灌木修剪要求，按操作步骤要求进行木槿修剪。
教学难点	运用正确修剪方法，根据木槿的生长势进行留枝。
时间分配 （分钟）	5＋5＋10＋10＋5＋5
教学资源 与设备	讲授、示范
教学地点	实训中心

<table>
<tr><td colspan="5" align="center">教 学 过 程</td></tr>
<tr><td>教学
环节</td><td>教学内容</td><td>教师活动</td><td>学生活动</td><td>设计意图及
思政点</td></tr>
<tr><td>课前研习</td><td>1. 查阅花灌木修剪方法。
2. 查阅木槿修剪程序和顺序。</td><td>在学习平台发布任务</td><td>1. 接受任务。
2. 搜集木槿修剪方法。</td><td>引导学生了解花灌木修剪方法，欣赏花灌木修剪后的形态美。</td></tr>
<tr><td>课程回顾
导入(5分钟)</td><td>1. 回顾修剪方法：截、疏、伤、变、放；修剪程序：一知、二看、三剪、四检查、五处理。
2. 导入：花灌木修剪——木槿修剪。
3. 任务详解：学校绿地里木槿若干株，需要整形修剪，现邀请园林专业学生协助完成木槿修剪。</td><td>1. 上节课修剪程序及方法掌握情况。
2. 导入花灌木修剪——木槿修剪方法。修剪是促进花灌木健康生长的关键措施之一，只有正确地修剪才能使繁花不断，需要专业的技艺。</td><td>1. 学生小组长回答。
2. 倾听任务与任务要求：分析木槿植株形态，确定修剪树形；按花灌木修剪程序、方法进行木槿修剪。</td><td>温故而知新。
融入思政点：园林养护需要专业的技艺。专业是指对专业技能的追求，对于技能要勤于学习，善于思考，精益求精，不断提高，力争做到最精最好。修剪将技能和艺术融为一体，这就要求制作者不但要有高超的技艺，更要有持之以恒、刻苦钻研的精神和意志。</td></tr>
<tr><td>探流程
(5分钟)</td><td>1. 制定修剪方案：分析木槿枝条开张程度，制定修剪方案——直立型或者丛生型，初步确定修剪部位。
2. 教师演示正确操作过程(展示有关</td><td>引导学生小组讨论，制定修剪方法、交流方案。</td><td>认真聆听教师讲解并回答问题。</td><td>通过修剪流程分析，引导学生明析相关操作流程和注意事项。融入思政点：园林工作者需要了解植物的生长发育习性才可以保证植物的成活，不同植物有不同</td></tr>
</table>

续 表

教学环节	教学内容	教师活动	学生活动	设计意图及思政点
探流程 (5分钟)	图片)：① 观察木槿形态，确定修剪方案。② 带上胶皮手套。③ 正确使用工具。④ 去除根叶、枯枝、病枝、残枝、内藏枝。⑤ 短截残花枝、徒长枝。⑥ 检查完成修剪情况，观察树形是否均匀、平衡、美观。⑦ 现场清理。			的生活习性，这是其适应环境的行为；人也需要根据自身情况，树立自己的目标和道路，并为之奋斗，同时也要根据环境的变化进行必要的调整。
练操作 (10分钟)	1. 根据木槿植株形态，学生自己探索修剪方案。 2. 发现存在问题。如不能独立找出保留枝、留枝数量不确定、操作过程剪口方向不正确等。	1. 教师巡视，发现学生试做中存在的问题。 2. 教师引导学生对试做作品进行分析，找出存在的问题。	1. 学生试做。 2. ABCD组同学分别提交修剪作品。 3. 倾听教师讲解，剖析自己修剪中存在的问题。	学生从实践到认识，在做中探索。
操作优化 (10分钟)	1. 按照操作要求进行修剪：① 注意安全，正确使用工具。② 按步骤进行。 2. 对策： ① 直立型——主干上配植3,4个主枝，每个主枝上可配植1,2个侧枝。 丛生型——无主干或主干极短，主枝数较多，一般4—6个。 ② 剪口平滑，枝条与剪口成45°的斜面。 ③ 剪口芽的方向从树冠内枝条的分布状况和期望新枝长势的强弱考虑。	1. 教师示范，对存在的问题进行解释说明，在示范操作演示中找到解决的对策。 2. 提炼修剪要点。 3. 指导学生操作整改。	1. 认真听老师讲解。 2. 根据教师演示分析，思考整改对策。 3. 作品整改优化，拍摄照片上传平台。	示范演示，学生进行再认识，再实践。思政点：敬业。任何的学习都必须具有这种稳扎稳打、精益求精的工匠精神，而这也是敬业的核心价值观体现。人类应该深深检视自己，不怕困难、爱岗敬业。
品鉴作品 (5分钟)	欣赏与点评学生作品。	组织学生对修剪作品进行解说与赏析。	1. 小组长解说修剪作品的达成度。 2. 倾听教师点评，明确今后努力的方向。	通过学生解说作品，提升审美情趣和对生活艺术的热爱，强化技能。

续 表

教学环节	教 学 内 容	教 师 活 动	学 生 活 动	设计意图及思政点
评价总结（5分钟）	1. 评价学生修剪过程，难点重点予以强调。 2. 准备工作要充分，操作过程要安全、正确。	1. 教师组织学生对ABCD四个作品进行评价打分。 2. 提炼总结。	1. 进行自评和互评。 2. 认真听教师的总结评价，巩固知识要点。	通过总结课程重点，固化知识和能力。 思政点：践行生态文明战略，保护生态环境，做好"绿色"拥护者。建设生态文明是中华民族永续发展的根本大计。让学生具有使命感和责任感，在新时代实现自我价值。
课后拓展	1. 分析课中：对上课内容进行回顾，巩固知识技能。 2. 拓展训练：学生课后设计石榴的修剪方案。	1. 课后指导。 2. 审阅学生报告并及时反馈。 3. 教学反思。	1. 对上课内容进行回顾，巩固知识技能。 2. 课后设计石榴的修剪方案。	通过课后回顾知识技能和课后技能训练，把学生的能力培养从课上延伸到课下，提升学习效果。
特色亮点	学习任务设计以工作过程导向为出发点，采用任务驱动法，形成"四步"教学策略，即探流程、练操作、操作优化、品鉴操作（作品）等四步教学策略，使学生从认识到实践、从实践到再认识、再实践，循环往复，螺旋式地提升学习能力。通过学生课前研习与课中体验，引导学生在生活中思考问题、寻找答案，学会举一反三，在操作实践中培养学生安全、环保意识及认真细致的工匠精神和精益求精的职业素养。			

"园林植物病虫害防治"
课程思政教学设计案例

一、课程简介

"园林植物病虫害防治"课程是中本贯通风景园林专业的一门专业核心课程,是从事园林技术工作人员的必修课程。通过本课程学习,学生能掌握园林植物病虫害基础知识,识别上海地区常见的病虫害种类,了解重要病虫害的发生发展规律,熟悉常规的病虫害防治方法,能针对常见园林植物病虫害提出防治措施,掌握常用农药种类及施用技术,具备从事园林植物病虫害防治工作的基本职业能力。

本课程以园林植物、土壤肥料等先导课程为基础,为园林植物栽培养护、花卉生产技术、苗木生产技术、园林规划设计等后续课程提供依据。本门课程主要任务是使学生掌握两大部分内容:一部分是昆虫、病害、防治的基础知识,另一部分是各类病虫害的调查及防治方法。学生能否学好本门课程将直接决定学生能否胜任园林病虫害防治工的工作岗位。

二、课程目标

本课程通过园林植物病虫害防治任务分解多个项目实践,使学生掌握园林植物病虫害防治的技能和相关理论知识,具备昆虫形态学、生物学基本知识,具备真菌、细菌、病毒基本知识,了解园林植物上常用农药的性能、作用原理与方式,掌握各类本地常见园林植物病虫害的危害特点及发生、发展规律。在完成本专业相关岗位工作任务的过程中,培养学生诚信、刻苦、善于沟通与合作的品质,树立学生全面、协作和团结意识,培养学生热爱自然、保护环境的意识,增强学生的社会责任感,培养学生良好的职业道德,增强学生的法制意识和安全生产意识,培养学生严格执行生产技术规范的科学态度,培养学生全面、发展、联系的观念,提高学生的自学能力和分析、解决问题的能力,培养学生理论联系实际的工作作风。

三、教学设计方案

授课内容：春季常见植物病害诊断				
教学过程设计				
教学环节	教学步骤与内容	教师活动	学生活动	设计意图及思政点
课前任务	1. 收集和赏析以清明为主题的古诗词，并上传课程平台。 2. 完成都市园林开放实训中心玫瑰园月季异常情况调查和分析，并上传课程平台。 3. 对月季的异常情况进行初步判断。 4. 平台上传分享后，互评、点赞。	通过课程平台上传视频，发布任务。	登录平台，明确任务。收集并赏析古诗词，调查并填写"园林植物生长情况调查表"。上传课程平台，并互评点赞。	让学生运用已有经验尝试进行病害初步诊断。通过古诗词分享加深对节气特点的认识。 思政点：二十四节气的认知。
教学环节一 谈（谈节气）	1. 赏析清明主题的古诗词。 2. 强调节气在园林中的作用。 3. 分析清明节气的植物生长发育特点：叶片快速生长。 4. 明确本阶段病虫害防治的重点：保住叶片。	1. 引导各组进行诗词赏析。 2. 引导学生理解节气的重要性。 3. 组织学生讨论清明节气的植物生长发育特点。 4. 总结本阶段病虫害防治的重点。	1. 各组分享清明主题的诗词。 2. 体会节气在园林中的重要性。 3. 讨论清明节气的植物生长发育的特点。	从古诗词赏析入手让学生理解节气规律与园林生产的关系。引导学生根据清明节气植物生长发育特点明确防治重点。 思政点：1. 通过古诗词赏析提升学生人文素养。2. 根据不同节气植物发育特点明确诊断重点，突出二十四节气传统文化在现代的应用，弘扬中华传统文化。
教学环节二 判（初判断）	1. 植物病害初步判断流程： 一查节气、二看形态、三除污染。 2. 植物病害初步判断要点： 一查节气：对标准，看病毒库； 二看形态：系统观察、整体入手； 三除污染：观察力、严谨态度、科学判断。	1. 回顾课前任务，分享调查结果。 2. 根据各小组初判调查结果，围绕"一查节气、二看形态、三除污染"三个流程组织学生逐一进行评价分析。 3. 总结病害判断要点。	1. 认真聆听课前任务回顾及调查结果。 2. 针对每个流程出现的分歧和争议，进行讨论和分析。 3. 认真听取教师的总结。	通过学生分享、小组讨论、教师总结等方式，引导学生从分析初判结果入手，自主探究病害初步判断的要点，掌握初步判断规律。 思政点：培养学生科学严谨的工作态度以及整体观察、动态观察的职业习惯。

续 表

教学环节		教学步骤与内容	教师活动	学生活动	设计意图及思政点
教学环节三诊（细诊断）	回顾旧知、选择方法	1. 根据节气特点，结合病害案例库，确定可能病害。 2. 复习标准诊断方法：望其形、闻其味、问其境、切其缘。	1. 组织学生讨论缩小病害范围。 2. 引导学生回顾四种诊断方法。	1. 结合节气特点，比对病害案例库，讨论确定可能病害并上传课程平台。 2. 回顾四种诊断方法。	引导学生形成利用节气特点缩小病害范围的职业习惯。 思政点：强化学生职业素养和生态意识。
	逐步排查、诊断病害	1. 灵活运用四种诊断方法进行病害诊断。 2. 掌握每种诊断方法的特点。 3. 总结诊断方法的适用规律。	1. 组织学生讨论并引导学生选择合适的诊断方法。 2. 组织学生实施诊断。 3. 巡视指导，提醒可能发生的问题，并针对操作过程和结果进行评价。 4. 总结诊断方法的适用规律。	1. 讨论并选择合适的诊断方法。 2. 分组实施诊断并把结果上传课程平台。 3. 听取教师指导，并自我纠错。 4. 认真听取教师的总结。	通过小组讨论、自主探究，选择合适的方法实施标准诊断，培养学生根据具体病害特点正确使用和灵活使用诊断方法，提升职业能力。 思政点：培养学生环保意识、安全意识等职业素养。
	整理特点、记忆口诀	总结月季白粉病的发病特点。	1. 组织学生讨论并总结发病特征。 2. 分享病害特征记忆口诀。	1. 分组讨论，结合病害案例库，总结发病特征，并上传课程平台。 2. 认真聆听并记忆发病特征及口诀。	在引导学生归纳总结病害特征的同时，通过分享病害特征记忆口诀，帮助学生记忆发病核心特征，化繁为简，提升职业能力。 思政点：强调工作中要注重总结问题、提炼要点、归纳核心知识的职业素养。
教学环节四固（固能力）		完成课堂小结。 布置课后任务。	1. 回顾和总结知识点，从知识掌握、技能操作、职业素养等方面进行综合评价，分析学生学习过程中的重难点。 2. 布置课后任务。	1. 认真听取小结和评价，明确学习过程中的重难点。 2. 认真听取课后任务。	总结课程重难点，固化能力。

续表

教学环节	教学步骤与内容	教师活动	学生活动	设计意图及思政点
课后任务	分组调查都市园林开放实训中心其他园林植物发生白粉病病害的情况，并将调查情况上传课程平台分享、互评、讨论。（白粉病易感植物有：月季、玫瑰、蔷薇、凤仙花、福禄考、紫藤、枸杞、凌霄、风铃草、百日草、美女樱、飞燕草、波斯菊、瓜叶菊、大金鸡菊、金盏菊、非洲菊、三色堇、木槿、大丽花、蜀葵、向日葵等。）			

四、教学效果与反思

1. 效果

根据节气特点，缩小可能病害的范围，降低诊断难度；借用园林病害案例库和园林环境监测系统，提高病害诊断效率；学生讨论，自主探究，变被动传授为主动学习；引导学生探究诊断过程，变知识点的记忆能力提升为知识点的自主分析和判断能力提升；提高真实的工作任务，强化学生职业素养和生态意识。

2. 反思

病害诊断操作难度大，尤其学生初学时，更易出现误判，需要帮助学生分析原因。教学时充分利用课程平台，提高了师生互动效果；利用病害案例库和节气规律，更有利于缩小可能的病害范围，为病害的初步诊断提供了方便。学生虽然学会了四种诊断方法，但是如何灵活运用还需要通过大量学习和实践来积累提升。

"园林土建工程施工"课程思政教学设计案例

一、课程简介

"园林土建工程施工"课程是中本贯通风景园林专业的一门应用性较强的专业核心课程,它既有理论支撑,又具有很强的实际操作性和职业性。它是集工程原理及有关的构造方法、工程设计、施工方法、艺术审美修养为一体的交叉课程,是城市园林景观建设、房地产景观配套、新农村环境建设中必不可少的一门实用技术。学好园林土建工程施工对于园林技术专业学生的就业与职业发展能够起到很好的推动作用。

二、课程目标

通过"园林土建工程施工"课程的学习,学生能根据项目安排进行园林土建工程施工,能正确评价园林土建工程建设质量优劣,能合理分析和解决园林工程施工过程中发生的问题,能解决园林工程施工工作岗位和社会活动中碰到的难题。同时培养学生团队协作能力,使学生养成认真负责、严谨细致、精益求精的职业态度;培养学生的质量意识、责任意识、节约意识、安全意识和环保意识,使学生养成独立思考的习惯和勇于创新的精神。

三、教学设计方案

教学内容与过程——课前				
教学环节	教学内容	教师活动	学生活动	设计意图及思政点
课前	1. 观看海棠纹青瓦石园路面层拼花铺装施工视频,要求提炼施工工艺流程。 2. 以测验的形式检	1. 教师在课程平台发布本课题学习任务——海棠纹青瓦石园路面层拼花铺装施工视频。	1. 学生在课程平台接受学习任务,观看任务视频,明确任务要求。 2. 参与在线测验,	1. 发布学习任务,明确学习内容及要求,为接下来的海棠纹青瓦石园路面层拼花铺装施工操作做准备。

续 表

教学环节	教学内容	教师活动	学生活动	设计意图及思政点
课前	查学生海棠纹青瓦石园路面层拼花铺装施工工艺流程的了解情况。 3. 学生收集身边海棠纹青瓦石园路面层拼花铺装的图片。	2. 发布海棠纹青瓦石园路面层拼花铺装施工工艺流程了解情况测验和收集学生身边海棠纹青瓦石园路面层拼花铺装的图片。	完成搜集身边海棠纹青瓦石园路面层拼花铺装的图片任务。	2. 引导学生关注身边的园路景观,为课堂学习做铺垫。

教学内容与过程——课中

教学环节	教学内容	教师活动	学生活动	设计意图
引入新课(5分钟)	1. 通过赏析学生课前收集的图片,进行课程导入; 2. 介绍海棠纹青瓦石园路概念; 3. 学生分享课前总结的施工流程。	1. 展示图片。 2. 介绍园路。 3. 组织分享。	1. 赏析图片。 2. 聆听教师介绍。 3. 分享工艺流程。	通过图片赏析、流程分享,引导学生自主思考和分析面层铺设流程,引导学生自主学习。 思政点:引起学生对传统园林文化的认同、欣赏,培养文化自信。
工艺初探(5分钟)	1. 组织学生对面层铺装工艺流程进行讨论。 2. 归纳总结规范的面层铺装工艺流程。 海棠纹青瓦石面层施工工艺流程: 施工准备→定点放线→整理垫层→放料试拼→卵石选栽→尺寸自检→填土扫缝→检查验收→场地清理→工具归位。 3. 组织学生通过虚拟仿真软件验证工艺流程。	1. 组织学生对面层铺装工艺流程进行讨论。 2. 归纳总结规范的面层铺装工艺流程。 3. 组织学生通过虚拟仿真软件验证工艺流程。	1. 参与对面层铺装工艺流程进行讨论。 2. 聆听、记录规范的面层铺装工艺流程。 3. 进行虚拟仿真实训。	通过引导探究及仿真模拟等手段,提高学生学习兴趣;通过虚拟仿真操作固化施工流程,缓解实训过程中场地有限、成本高、建筑垃圾多等问题。 思政点:培养学生探索问题、勇于尝试、善于总结的能力。
尝试铺贴(5分钟)	1. 学生按照图纸进行试铺。 2. 展示并分析学生试铺结果。 3. 通过"词云"总结归纳学生操作中存在的问题。	1. 发放图纸并布置任务。 2. 检查巡视。 3. 组织讨论。	1. 领取任务,进行试铺。 2. 总结试铺中遇到的问题,并上传"词云"。 3. 参与讨论。	通过试铺,锻炼铺装技能;引导学生自主发现问题、归纳问题,培养学生发现问题、分析问题的能力。

续 表

教学环节	教学内容	教师活动	学生活动	设计意图
要点分析（5分钟）	1. 教师通过"词云"归纳问题。 2. 教师解析问题出现的原因和解决办法。 3. 展示标准操作视频或者现场示范，讲解技术要点和注意事项。	1. 通过"词云"归纳问题。 2. 解析问题出现的原因和解决办法。 3. 展示标准操作视频或者现场示范，讲解技术要点和注意事项。	观看、聆听并参与讨论。	通过教师操作演示，强调海棠纹青瓦石园路面层拼花铺装尺寸和水平的达标手法和细节，明确解决教学难点的方法。 思政点：培养学生发现问题、分析问题、解决问题的能力。
实训操作（15分钟）	1. 根据小组分发不同图纸。 2. 各小组根据图纸，进行铺装实操。 3. 小组成员互相分工配合，组内互评实训操作过程。 4. 如有疑问，学生可以随时查看教学平台中的教学视频、电子教材、世赛考核标准等，自主寻求解决方法。 5. 工位清洁。	1. 观察学生操作过程。 2. 教师巡回指导，实时记录学生操作情况，对典型操作过程进行拍摄，上传教学平台，确保实训操作安全。	1. 小组分工合作完成面层铺装实操。 2. 操作学生完成实训，组内其他学生记录、查看教学视频、电子教材、世赛考核标准等或小组讨论。 3. 按照质量验收标准进行自检和整改。 4. 待完成操作后对实训操作作品进行拍照，上传教学平台。 5. 归类放置工具，清理剩余材料与垃圾。	通过实训操作，锻炼学生实操技能，强化技能操作质量，提升学生对施工操作的动手能力，培养学生的标准意识、质量意识、环保意识、安全意识和节约意识。 思政点：培养学生一丝不苟、精益求精的职业精神。
总结评价（5分钟）	1. 引导学生，由学生对实训结果（园路完成面总长度、总宽度、标高、水平度、缝隙整齐均匀度、外观平整度、环保安全等）进行评价。 2. 教师总结学生评价和实训结果，引导学生回顾总结海棠纹青瓦石园路面层拼花铺装施工工艺流程： • 按需下料加工准备； • 合理放置工具材料； • 据图定点施工放线； • 园路垫层夯实平整； • 青瓦作瓣花蕊辐射； • 蔷薇花形卵石填充； • 敲敲打打恒定标高； • 尺寸复核校正误差；	1. 引导学生对实训结果参照世赛评价规则进行评价。 2. 回顾和总结园路铺装工艺流程及要点。	针对实训结果，进行评价总结。	巩固知识：园路施工的步骤（手法、验收标准）。

续 表

教学环节	教学内容	教师活动	学生活动	设计意图
总结评价（5分钟）	• 扫缝饱满平整美观； • 工具归位场地整洁。 3. 总结课程，评价学生操作，鼓励学生进行更多的实操训练，列举历年比赛获奖学生事迹，鼓舞学生。			

教学内容与过程——课后

教学环节	教学内容	教师活动	学生活动	设计意图
课后作业	1. 布置作业任务：总结撰写园路面层铺装的工艺与流程。 2. 挑选实训操作成绩优秀的学生，组织课后训练。 3. 预习"园路面层铺装综合实训"。	1. 发放作业任务。 2. 组织课后训练。	1. 完成作业。 2. 参与训练。 3. 预习下一个学习任务。	1. 巩固知识。 2. 提高训练难度，以世赛标准开始训练学生。

四、工艺初探

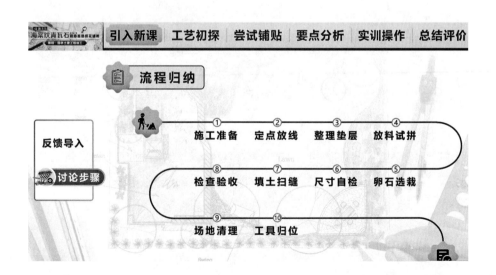

五、海棠纹青瓦石面层施工过程及结果

六、教学效果与反思

"以赛促学,以赛促教"对于专业教学起到极大的推动作用。世界技能大赛园艺项目的内容与要求反映了在园林土建工程施工上的新材料、新规范的推广与应用趋势,尤其是面层铺装在整个园路施工环节中是一个重要的工艺项目,对于质量的考核也是非常重要的。本次教学,利用信息技术既让学生打下工艺技术的扎实基础,又让学生体会到新技术、新工艺的魅力,同时培养学生用发展的眼光看问题和创新意识,培养学生文化自信和一丝不苟、精益求精的职业素养,达到技能与素养同成长的目的,同时教师也在教学相长中提升了教学水平。

学生在学习过程中会出现一定的差异性,根据具体学习情况,进行合理搭配分组,形成学生带学生的小组模式,充分发挥以学生为主体的教学模式的作用,极大地形成了学生之间互帮互学的互补、协作的形式,达到学习主体共同进步的目的,同时提升学生组织协调能力等职业素养。园林施工类课程的评价受到场地、环境、工具等因素影响,由于工艺制作的特殊性限制了课程评价难以精准和量化,我们将根据课程教学标准进行优化,完善评价范围和项目,提升评价技术和手段,优化过程性评价的准确性,更好地反映学生的学习情况,达到更好地指导教学的目的。

"设计初步"课程思政
教学设计案例

一、课程简介

"景观设计初步"课程是中本贯通风景园林专业的一门专业基础课程,也是引导学生进入专业思维和创作的入门课程。本课程以园林技术专业工作任务与园林植物识别及其应用相关的共同职业能力为设计依据。"景观设计初步"课程的内容主要由平面构成、立体构成、园林设计表现、园林景观要素及其表现、园林景观设计图和园林设计方案入门六大部分组成。

二、课程目标

通过"景观设计初步"课程的学习与训练,掌握景观设计初步的基础理论、原则和方法,培养和提高学生对形态、色彩、质感、构图、美感等的分析、观察能力,掌握一定的绘图表现能力,掌握园林设计的过程并为后续课程的深入学习打下基础。

三、教学设计方案

教学环节	教学过程			
	教学内容	教师活动	学生活动	设计意图及思政点
课前研习	1. 课前任务:查阅常绿灌木速写图片。 2. 知识储备:不同线性的特征表现。	在学习平台发布任务。	1. 接受任务。 2. 搜集常绿灌木速写图片。	引导学生了解常绿灌木速写的艺术美感。
课程回顾	1. 回顾乔木速写方法。 2. 导入常绿灌木速写。	1. 上节课乔木速写完成情况。	1. 学生小组长回答。 2. 倾听任务与任务要	温故而知新。 融入美育思政

续 表

教学环节	教学内容	教师活动	学生活动	设计意图及思政点
导入 (5分钟)	3. 任务详解：在大小为10 cm×10 cm的范围内，请速写出一棵常绿灌木。	2. 导入常绿灌木速写任务。	求：在大小为10 cm×10 cm的范围内，请速写出一棵常绿灌木，大小适宜，物象形的把握准确，质感的刻画细腻，光影、明暗的关系与刻画深度相适应。	点：发现美，欣赏美，感悟美，创造美。
探流程(5分钟)	设计流程：常绿灌木速写设计流程先树冠轮廓线、光影部分刻画、整体调整。	引导学生探索常绿灌木速写的步骤与流程。	认真聆听教师讲解并回答问题。	通过设计流程分析，引导学生明析相关的流程和注意事项。
练设计(10分钟)	1. 根据设计流程，学生探索常绿灌木速写。 2. 发现存在问题：常绿灌木轮廓不饱满；立体感不强。	1. 教师巡视，发现学生试做中存在的问题。 2. 教师引导学生对试做的作品进行分析，找出存在的问题。	1. 学生试做。 2. ABCD组同学分别提交速写作品。 3. 倾听教师讲解，剖析自己速写中存在的问题。	学生从实践到认识，在做中探索。
设计优化(10分钟)	1. 物象形的把握，步骤的理解；质感的刻画；光影、明暗的关系与刻画深度。 2. 对策。形要准：用特定的技法进行速写表现。乱线的运用：乱线是绘制常绿灌木树冠层次常用的技法，讲究乱中有序，活而不乱，达到层次清晰、形神兼备的艺术效果。曲线能表现植物高低起伏的韵律美和常绿灌木的外在形态特征。	1. 教师示范，对存在的问题进行解释说明，在示范操作演示中找到解决的对策。 2. 提炼速写创造的要点。 3. 指导学生作品整改。	1. 认真听老师讲解。 2. 根据教师演示分析，思考整改对策。 3. 作品整改优化，拍摄照片上传平台。	示范演示，学生进行再认识、再实践。 思政点："天下大事，必作于细"的工匠精神。
品鉴设计(5分钟)	欣赏与点评学生作品。	组织学生对常绿灌木速写作品进行解说与赏析。	1. 小组长解说设计作品的达成度。 2. 倾听教师点评，明确今后努力的方向。	通过学生解说作品，提升审美情趣和对生活艺术的热爱。
评价总结(5分钟)	1. 常绿灌木速写流程。 2. 常绿灌木速写主要技法。	1. 教师组织学生对ABCD四个作品进行评价打分。 2. 提炼总结。	1. 进行自评和互评。 2. 认真倾听教师的总结评价，巩固知识要点。	通过总结课程重点，固化知识和能力。

续　表

教学环节	教学内容	教师活动	学生活动	设计意图及思政点
课后拓展	1. 分析课中：对上课内容进行回顾，巩固知识技能。 2. 拓展训练：学生课后巩固常绿灌木的技法。	1. 课后指导。 2. 审阅学生报告并及时反馈。 3. 教学反思。	1. 对上课内容进行回顾，巩固知识技能。 2. 课后进行常绿灌木实践。	通过课后回顾知识技能和课后技能训练，把学生的能力培养从课上延伸到课下，提升学习效果。

四、任务引入图示说明

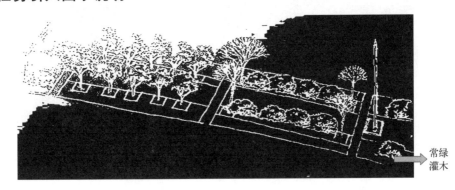

五、速写流程

六、练习作品

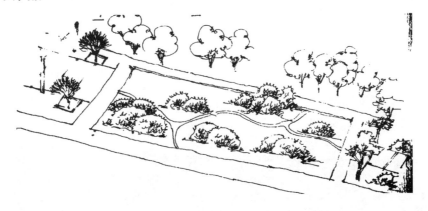

七、教学效果与反思

在本节课中从学生参与度、满意度、提升度和获得感等方面来总结教学效果;从教学内容、教学方法、教学过程、教学评价等方面反思教学目标达成度情况及持续改进。细节刻画环节是学生的薄弱点,需课后不断练习,提高学生绘图表现力。

"计算机辅助设计"课程思政教学设计案例

一、课程简介

本课程是一门实践性和创造性极强的课程,既要学习计算机辅助设计软件的相关技术和方法,又要结合园林制图的理论和方法,还要将这些技术和方法应用于设计实践,是一门多学科交叉的复合结构的课程。同时本课程涵盖专业面广,知识量大,要针对本专业的学生特点,重点突出与本专业有关的内容进行课程教学。

二、课程目标

通过本课程学习,学生能够运用 AutoCAD、Photoshop 两个软件绘制园林图纸,熟练完成园林规划设计平面图、彩平图的绘制及园林效果图的后期制作与处理,养成一丝不苟、严谨的工作习惯。

职业素养目标:

学生能逐步养成一丝不苟的、严谨的工作习惯;树立质量第一、安全第一的理念,严格遵守园林制图规范;具有生态文明、节能环保、保护环境的意识;有不怕累不怕苦的职业精神;怀有一颗匠心和审美情趣。

职业能力目标:

- 能用 AutoCAD 软件抄绘园林设计方案平面图;
- 能用 AutoCAD 软件设计并绘制园林设计方案平面图;
- 能用 Photoshop 软件进行园林效果图后期处理。

表1 课程内容与毕业要求

课程内容	技能与学习要求	知识与学习要求
1. AutoCAD 绘图基础	• 掌握 AutoCAD 软件的安装和启动,操作界面的组成及各组成部分的作用,命令的分类,	• 知道园林工程制图国家标准中的有关规定;

续 表

课程内容	技能与学习要求	知识与学习要求
	视图缩放命令,取消命令,重复命令,存盘命令,退出命令; • 能运用基本绘图命令点、直线、多段线、圆、圆弧等及基本编辑命令删除、复制、镜像、阵列和偏移、移动和旋转、缩放、拉伸和拉长、修剪和延伸、打断、合并和分解、倒角和圆角等; • 运用 AutoCAD 绘制常见园林图例。	• 知道设置 AutoCAD 绘图环境:绘图工具、绘图界限、绘图精度、绘图单位。
2. 园林绿化 AutoCAD 平面图的临摹与绘制	• 能运用图层工具,利用图层特性管理器设置图层的颜色、线型、线宽等属性; • 能够识读园林绿化平面图; • 运用基本绘图工具临摹给定小区绿化平面图。	• 知道图层的概念,图层的创建、删除、更名,当前图层的设置; • 说出绘制园林绿化平面图的技巧及方法。
3. Photoshop 绘图基础操作的运用	• 能运用 Photoshop 软件进行基本操作; • 能运用图形处理常用工具; • 能进行图像色彩调整; • 能进行图层和通道应用。	• 知道 Photoshop 软件基本操作; • 知道 Photoshop 图形处理常用工具的功能; • 知道 Photoshop 图像色彩调整的内容; • 知道 Photoshop 图层和通道应用的内容。
4. 园林效果图 Photoshop 后期制作	• 能绘制出园林绿化平面彩平图; • 能绘制出园林效果图。	• 知道绘制园林平面彩平图的方法; • 知道绘制园林效果图的方法。

表 2 项 目 内 容

项目名称	项目内容描述
临摹小区绿化平面图	• 发布园林绿地平面图,学生识读园林绿化平面图; • 学生导入局部小区绿化设计底图,临摹园路,临摹其他构图要素,导入植物模型和缩放定位; • 学生提交小区绿化平面图。
园林彩平图的绘制	• 教师布置园林彩平图绘制任务,发布设计底图; • 学生在底图基础上进行彩平图的绘制; • 学生提交园林彩平图。

三、教学设计方案

班 级				
日 期				
周 次				

续 表

课 次					
课 时	1		课型	理实一体	
课 题	计算机辅助设计——AutoCAD圆形的绘制				
教学目标	知识目标：掌握圆形的绘制方法，能在不同绘图条件下精确绘制圆形； 技能目标：能灵活运用圆形绘图工具进行精确的图形绘制； 情感目标：学生通过眼、手、脑的并用，绘制出精确的、富有美感的图形，培养学生严谨求实的职业素养。				
教学重点	1. 能灵活运用圆形绘图工具，精确定位完成图形绘制； 2. 能根据不同的绘图条件，选择合适的方法进行圆形的绘制。				
教学难点	1. 能根据不同的绘图条件，选择合适的方法进行圆形的绘制； 2. 能运用其他绘图工具，绘制组合图形。				
时间分配（分钟）	5＋10＋5＋15＋5＋5				
教学资源与设备	讲授，示范，实操				
教学地点	机房				

教 学 过 程

教学环节	教学内容	教师活动	学生活动	设计意图及思政点
课前研习	课前任务： 搜集圆形构图的设计作品，思考几何图形——圆的特征值。	在学习平台发布任务。	1. 接受任务。 2. 搜集圆形构图设计作品的图片。	引导学生欣赏不同圆形构图的艺术美感，了解圆的特点。
课程回顾导入(5分钟)	1. 复习上节课内容——矩形的绘图方法。 2. 欣赏圆形构图的设计作品。 3. 探讨构成圆形的特征值：半径、直径、切线、圆心点。	1. 上节课矩形绘图的掌握情况。 2. 启发学生思考圆形的构成特征值。	1. 学生小组长回答。 2. 思考回答圆形的构成特征值：半径、直径、切线、圆心点。	温故而知新： 培养学生通过细致的观察，归纳发现生活中的美。
探索过程(10分钟)	1. 圆形绘制快捷键：Circle首字母C。 2. 圆形的不同绘制方法： （1）指定圆心点、半径(直径)； （2）已知任意三点；	1. 分析圆形绘图快捷键。 2. 引导学生探索圆形的确定方法，启发绘制步骤与要点。	认真聆听教师讲解并回答问题。	通过圆形特征值的分析，引导学生探索绘图方法与要点，培养学生乐于探索、勤于思考的学习习惯。

续　表

教学环节	教学内容	教师活动	学生活动	设计意图及思政点
探索过程 (10分钟)	(3) 已知任意两点； (4) 已知两条切线、半径； (5) 已知三条切线。			
演示操作 (5分钟)	1. 结合圆形的不同绘制方法，演示操作。 2. 不同的绘图条件，选择合适的绘图方法，强调精确绘制图形的重要性。	教师进行演示操作。	学生仔细观察教师的演示，并根据给出的不同绘图条件，思考选用的绘图方法。	通过简明扼要的语言和正确的示范演示，培养学生养成精益求精、一丝不苟的工匠精神。
基础实训 (15分钟)	实训任务： 1. 基础图形的绘制。 2. 组合图形的绘制。	1. 教师观察学生绘图过程。 2. 针对学生绘图过程中出现的问题，给予启发式提示和解惑，指导学生完成任务。	1. 完成实训任务； 2. 遇到问题先思考、实践，再提问。	学生勇于发现问题、解决问题，并从实践中认识，在做中探索。
提升优化 (5分钟)	1. 辨析错误的绘图步骤，强调正确的演示操作要点。 2. 分析启发较难图形的绘制方法。	1. 教师示范，对存在的问题进行解释说明，在示范操作演示中找到解决的对策。 2. 提炼绘图要点。 3. 指导学生完成实训。	1. 认真听教师讲解。 2. 根据教师启发，思考更为简洁的绘图步骤。 3. 用不同的方法进行绘图。	示范演示，学生进行再认识、再实践。启发培养学生的创新思维和积极探索的求知欲。
评价总结 (5分钟)	1. 圆形绘制快捷键：Circle 首字母 C。 2. 圆形的绘制——根据不同绘图条件，选择合适的绘制方法。	教师总结课程内容，强调技能要点，评价实训成果。	认真听教师的总结评价，巩固知识要点。	通过总结课程重点，固化知识和能力。
课后拓展	1. 分析课中：对上课内容进行回顾，巩固知识技能。 2. 拓展训练：学生课后巩固圆的绘制技法。	1. 课后指导。 2. 审阅学生报告并及时反馈。 3. 教学反思。	1. 对上课内容进行回顾，巩固知识技能； 2. 课后完成圆形的拓展绘图任务。	通过课后回顾知识技能和课后技能训练，把学生的能力培养从课上延伸到课下，提升学习效果。
特色亮点	学习任务设计以工作过程导向为出发点，采用任务驱动法，形成"循序渐进"教学策略，即探索、演示、实践、优化四步，使学生从认识到实践、从实践到再认识、再实践，循环往复，螺旋式地提升学习能力。通过学生课前研习与课中体验，引导学生在生活中思考问题，寻找答案，学会举一反三，学会精益求精，在实践中培养学生探索意识、创新意识及严谨治学的职业素养。			

四、教学效果与反思

1. 教学效果

（1）在教师的积极引导下，学生积极参与教学全过程，学生兴趣浓厚，课堂学习气氛融洽活跃；学生广泛、有效地参与教学活动，理论结合实践的能力得到高效快速的发展，特别是严谨治学的工匠精神在实践中得到培养；在探索不同绘图方法和灵活解决问题的过程中，创新精神得到启发。

（2）教学内容重难点突出，教学步骤设计合理，由浅入深，循序渐进。教学方法结合不同教学内容，灵活多变，推进知识与技能的掌握，课堂教学组织效果好，任务活动设计富有启发性，师生配合默契，取得了较好的学习效果。

2. 教学反思

（1）配合教学内容的部分实践任务稍简单，考虑到中本班学生普遍能力较强，可根据学情适当调整实践任务。

（2）课程内容安排略紧凑，可适当调整，预留时间让学生回顾思考整堂课所学内容，以更好地融会贯通、承前启后。

"盆景与水培花卉制作"课程
思政教学设计案例

一、课程简介

"盆景与水培花卉制作"课程是园林技术专业的一门专业拓展课程。本课程根据园林技术专业所涉及的盆景艺术知识、水培花卉知识内容,设计若干个学习情景,实施情景化教学,使学生掌握盆景艺术的欣赏、制作、养护和应用及水培花卉制作等专业知识和技能,同时养成学生职业素质,锻炼学生的应用技能与社会适应能力。

二、课程目标

1. 职业技能目标

掌握盆景艺术的欣赏、制作、养护和应用技能。掌握水培花卉的鉴赏、制作、养护及应用技能。

2. 知识目标

了解盆景的发展历史并熟悉各大盆景流派及特点;了解水培花卉的概念、特点及市场前景。

3. 职业素质养成目标

注意培养学生认真负责、踏实敬业的工作态度和严谨求实、一丝不苟的工作作风,培养学生的空间想象能力、分析问题能力、创造能力和审美能力,将良好素质培养和思想品德培养贯穿于教学全过程。

三、教学设计方案

班 级	风景园林				
日 期					
周 次					

续 表

课 次					
课 时	2		课型	理实一体	
课 题	树木盆景曲干式盆景制作				
教学目标	知识目标:了解曲干式盆景植物材料的特性和选材标准;理解曲干式盆景的造型特点和造型设计的美学原理。 技能目标:会选择适合制作曲干式盆景的材料,能根据材料的特点设计曲干式盆景造型形式,初步掌握曲干式盆景制作方法。 情感目标:通过曲干式盆景制作,培养学生正确的审美观,激发学生对中国传统艺术的喜爱和对大自然的热爱之情。				
教学重点	曲干式盆景的相树设计与造型				
教学难点	曲干式造型设计原理和操作技法				
时间分配 (分钟)	5+10+10+5+30+10+5+5				
教学资源 与设备	讲授、示范				
教学地点					

		教 学 过 程		
教学环节	教学内容	教师活动	学生活动	设计意图及思政点
课前研习	1. 课前任务: 查阅曲干式盆景的造型特点;日常生活中有否出现曲干式盆景? 2. 知识储备: 收集曲干式盆景图片。	在学习平台发布任务。	1. 接受任务。 2. 搜集曲干式盆景图片。	引导学生了解曲干式盆景的特点。欣赏不同曲干式盆景的艺术美感。
课程回顾导入(5分钟)	1. 回顾直干式盆景特点及制作方法。 2. 导入曲干式盆景造型形式。 3. 任务详解:根据提供的树木盆景,请设计出曲干式盆景草图,并完成曲干式盆景制作。	1. 上节课直干式盆景完成情况。 2. 导入曲干式盆景制作任务。 盆景制作就是鉴别美、欣赏美和创造美的过程。盆景制作从外形到内涵,都蕴含着深邃的美学追求。	1. 学生小组长回答问题。 2. 倾听任务与任务要求:① 画出曲干式盆景设计草图;② 根据设计草图制作曲干式盆景。	温故而知新。 融入思政要素:"美"的追求。美是人类永恒的主题。从原始社会发展到今天的信息时代,人们从来没有停止过对美的追求。对美好生活的向往,是人类社会发展的主题,也是党和政府为之努力奋斗的目标。

续 表

教学环节	教学内容	教师活动	学生活动	设计意图及思政点
探流程(10分钟)	1. 相树设计：植株脱盆，放在工作台上最佳位置，观察分析；调整植株的不同的角度(斜、卧)，画出设计草图。设计两弯半造型。 2. 制作流程：因材制宜、因势利导实施造型——两弯半造型。 1) 斜栽； 2) 缠绕金属丝； 3) 横拐； 4) 压低形成第一弯； 5) 斜出反转形成第二弯； 6) 前倾形成半弯做顶。	引导学生探索曲干式盆景相树设计步骤与制作流程。	认真聆听教师讲解并回答问题。	通过相树设计和制作流程分析，引导学生明析相关的流程和注意事项。融入思政要素："人有品，树有格。"人应该有高尚的道德。盆景制作经历了长期的发展过程，其中蕴含着高超的制作技艺、丰富的文化积淀。制作者不仅创造了艺术，也在创作中开发了自己的心灵，提升了自己的品位。大力提倡高雅艺术，抵制低俗文化，是新时代教育所倡导的精神。
练设计(10分钟)	1. 根据相树设计要求，学生自己探索曲干式盆景方案。 2. 发现存在问题：基本形太统一；设计表现不鲜明或其他。	1. 教师巡视，发现学生试做中存在的问题。 2. 教师引导学生对试做的作品进行分析，找出存在的问题。	1. 学生试做。 2. ABCD组同学分别提交设计作品。 3. 倾听教师讲解，剖析自己设计中存在的问题。	学生从实践到认识，在做中探索。
设计优化(5分钟)	1. 观察分析植株，调整植株的不同的角度(斜、卧)，画出两弯半造型设计草图。 2. 对策 1) 充分利用植物材料优美的一段曲线。 2) 人为造曲，接近自然。 3) 美学原理。比例与尺度：下弯大，上弯小；节奏与韵律：曲干不是机械的弯曲，要有变化节奏。	1. 教师示范，对存在的问题进行解释说明，在示范操作演示中找到解决的对策。 2. 提炼设计创造的要点。 3. 指导学生作品整改。	1. 认真听教师讲解。 2. 根据教师演示分析，思考整改对策。 3. 作品整改优化，拍摄照片上传平台。	示范演示，学生进行再认识、再实践。
练操作(30分钟)	因材制宜、因势利导实施造型——两弯半造型。	1. 教师巡视，发现学生试做中存在的问题。	1. 学生试做。 2. ABCD组同学分别提交设计	示范演示，学生进行再认识、再实践。 思政要素：勤于学习，

续 表

教学环节	教学内容	教师活动	学生活动	设计意图及思政点
练操作（30分钟）	1）斜栽； 2）缠绕金属丝； 3）横拐； 4）压低形成第一弯； 5）斜出反转形成第二弯； 6）前倾形成半弯做顶。	2. 教师引导学生对试做的作品进行分析，找出存在的问题。	作品。 3. 倾听教师讲解，剖析自己设计中存在的问题。	善于思考，精益求精，不断提高，力争做到最精最好。盆景制作将技能和艺术融为一体，这就要求制作者不但要有高超的技艺，更要有持之以恒、刻苦钻研的精神和意志。
操作优化（10分钟）	对策： 1. 弯度要有大小变化——第一弯大，第二弯小。 2. 弯的空间变化，不能在同一立面。 3. 结顶前倾。 4. 重心稳定。 5. 枝片的长短变化，空间的走势变化。	1. 教师示范，对存在的问题进行解释说明，在示范操作演示中找到解决的对策。 2. 提炼制作要点。 3. 指导学生作品整改。	1. 认真听教师讲解。 2. 根据教师演示分析，思考整改对策。 3. 作品整改优化，拍摄照片上传平台。	示范演示，学生进行再认识、再实践。 思政要素："和"是和睦和谐之意，和谐也是社会主义核心价值观之一，和睦和谐是中国文化的优秀传统。一件盆景作品，盆景的构成各个要素之间需要和谐，如枝片长短、枝条空间走势、弯的空间变化等。
品鉴设计（5分钟）	欣赏与点评学生作品。	组织学生对曲干式盆景进行解说和赏析。	1. 小组长解说设计作品的达成度。 2. 倾听教师点评，明确今后努力的方向。	通过学生解说作品，固化学生发现美、创造美的能力。 思政要素：提升审美情趣和对生活艺术的热爱。
评价总结（5分钟）	1. 根据材料，设计曲干式造型，主题明确。 2. 金属丝缠绕技术要熟练、反复练习。 3. 拿弯技术中——适度。 4. 下弯大，上弯小。 弯的空间变化，不能在同一立面。 5. 结顶前倾，重心稳定。 6. 枝片的长短变化，空间的走势变化和谐。	1. 教师组织学生对ABCD四个作品进行评价打分。 2. 提炼总结。 主题选择的方向和原则：立足时代特征，坚持积极向上，饱含家国情怀，坚定文化自信，扎根人民群众，深入生活实践。	1. 进行自评和互评。 2. 认真听教师的总结评价，巩固知识要点。	通过总结课程重点，固化知识和能力。 思政要素：把满足人民对美好生活的向往，作为我们新时代园林人奋斗的目标。

续表

教学环节	教学内容	教师活动	学生活动	设计意图及思政点
课后拓展	1. 分析课中：对上课内容进行回顾，巩固知识技能。 2. 拓展训练：设计曲干式盆景5幅，并选其中一种造型。继续练习金属丝蟠扎技艺和拿弯技艺。	1. 课后指导。 2. 审阅学生报告并及时反馈。 3. 教学反思。	1. 对上课内容进行回顾，巩固知识技能。 2. 课后设计曲干式盆景造型并练习金属丝蟠扎技艺和拿弯技艺。	课后回顾知识技能和课后技能训练。 思政要素：把学生的能力培养从课上延伸到课下，提升学习效果。
特色亮点	学习任务设计以工作过程导向为出发点，采用任务驱动法，形成"四步"教学策略，即探流程、练设计操作、技艺优化、品鉴作品等四步教学策略，使学生从认识到实践、从实践到再认识、再实践，循环往复，螺旋式地提升学习能力。通过学生课前研习与课中体验，引导学生在生活中思考问题，寻找答案，学会举一反三，在设计实践中培养学生核心意识、环保意识及审美情趣。			

"景观多肉美好生活"课程思政教学设计案例

一、课程简介

"景观多肉美好生活"课程是中本贯通风景园林专业的一门专业选修课程,也是引导学生进入植物世界的入门课程。课程主要是学习多肉在居家生活中的应用,所以在框架上设置了居家的6个场景(阳台、客厅、卧室、餐厅、厨房、卫生间),每个场景都有不一样的精彩,每个场景都设有5个多肉植物的活动内容。

二、课程目标

通过"景观多肉美好生活"课程的学习与训练,识多肉、养多肉、玩多肉,以拍摄视频或动画等形式讲解知识。悟多肉,以游戏闯关的形式,根据前面的知识内容进行闯关考验和巩固,极具趣味性。赏多肉,是课程拓展活动,将赏心悦目的多肉和居家生活相联系,体现环保美好的生活态度,为后续课程的深入学习打下植物学方面的理论与实践基础。

三、教学设计方案

教学环节	教学过程			
	教学内容	教师活动	学生活动	设计意图及思政点
课前研习	1. 课前任务:查阅多肉容器的图片。 2. 知识储备:什么是多肉多浆植物?	在学习平台发布任务。	1. 接受任务。 2. 搜集多肉容器图片。	引导学生了解多肉植物与栽植容器的艺术美感。

续　表

教学环节	教学内容	教师活动	学生活动	设计意图及思政点
课程回顾导入（5分钟）	1. 回顾多肉植物材料。 2. 种植材料准备：两个多肉品种（营养土种植袋），一个陶瓷盆、种植土、迷你小铲。 3. 任务详解：选择两种多肉品种，进行移植创作实践，创作出一盆美观的陶瓷盆多肉组合盆栽作品。	1. 导入多肉植物盆栽作品创作任务。 2. 说明多肉多浆植物：植物的枝茎叶具有发达的贮水组织，呈肥厚多汁变态状的植物，包括仙人掌科及番杏科、景天科、大戟科、萝藦科、菊科、凤梨科、龙舌兰科等各科植物。	1. 倾听任务与任务要求。 2. 分析任务、倾听并思考多肉植物的特征。	温故而知新。 思政点：多肉植物为了适应不同的立地条件，具有适者生存、顽强的拼搏精神。
探流程（5分钟）	设计流程：栽植、设计、养护。	引导学生探索盆栽植物设计创作的步骤与流程。	认真聆听教师讲解并回答问题。	通过设计流程，分析、引导学生明析相关的流程和注意事项。
练设计制作（10分钟）	1. 根据设计流程，学生自己探索盆栽组合设计。 2. 发现存在问题：栽植方面没有做切根处理；空间和色彩的搭配不和谐。	1. 教师巡视，发现学生试做中存在的问题。 2. 教师引导大家对试做的作品进行分析，找出存在的问题。	1. 学生试做。 2. ABCD组同学分别提交盆栽作品。 3. 倾听教师讲解，剖析自己盆栽设计制作中存在的问题。	学生从实践到认识，在做中探索。
设计制作优化（10分钟）	1. 栽植方面要注意切根处理。 2. 设计方面要注意留白、色彩和谐。色彩、均衡、层次、对比、韵律、比例、调和、质感、空间、统一。 3. 养护方面对策：宁干勿湿；摘除老叶、病叶；疏松透气、排水、中性土；最适合温度5～30℃。	1. 教师示范，对存在的问题进行解释说明，在示范操作演示中找到解决的对策。 2. 提炼盆栽设计制作的要点。 3. 指导学生作品整改。	1. 认真听教师讲解。 2. 根据教师演示分析，思考整改对策。 3. 作品整改优化，拍摄照片上传平台。	示范演示，学生进行再认识、再实践。融入思政点：欣赏美、发现美、创造美。
品鉴设计（5分钟）	欣赏与点评学生作品。	组织学生对盆栽设计制作作品进行解说与赏析。	1. 小组长解说设计作品的达成度。 2. 倾听教师点评，明确今后努力的方向。	通过学生解说作品，提升审美情趣和对生活艺术的热爱。
评价总结（5分钟）	1. 盆栽设计制作作品的流程； 2. 盆栽设计制作作品主要设计、制作、养护要点。	1. 教师组织学生对ABCD四个作品进行评价打分。 2. 提炼总结。	1. 进行自评和互评。 2. 认真听教师的总结评价，巩固知识要点。	通过总结课程重点，固化知识和能力。

续 表

教学环节	教学内容	教师活动	学生活动	设计意图及思政点
课后拓展	1.分析课中：对上课内容进行回顾，巩固知识技能。 2.拓展训练：学生课后巩固盆栽设计制作作品的主要设计、制作、养护要点。	1.课后指导； 2.审阅学生报告并及时反馈； 3.教学反思。	1.对上课内容进行回顾，巩固知识技能； 2.课后进行盆栽设计制作作品实践。	通过课后回顾知识技能和课后技能训练，把学生的能力培养从课上延伸到课下，提升学习效果。

四、多肉盆栽的立地条件

五、示范演示

先主后次（主材位置宜偏左或偏右，栽植在偏后侧），先高后低，先后再前。

六、完成后作品意向图

七、教学效果与反思

大部分学生喜欢自己探索,动手操作实践,但小心谨慎,面对多肉植物不敢大胆地去做切根处理,在组合盆栽设计上的灵动性方面还有很多提升的空间。

"艺术插花点亮生活"课程思政教学设计案例

课程名称	艺术插花点亮生活		课题名称	花篮设计制作
使用教材	《插花与花艺设计》		出版社	中国林业出版社
授课班级	园林绿化1902班		授课学时	2学时
教学内容	本课教学内容是"艺术插花点亮生活"课程中模块二"庆典花艺设计制作"任务三"花篮设计制作"。本课以庆祝中国共产党成立100周年庆典花篮设计制作为主要教学任务,采用任务驱动教学法,使学生掌握花篮设计与制作的基本要点和制作流程,能根据客户需求设计方案,并独立制作花篮作品。			
学情分析	授课对象为园林绿化专业二年级学生。 知识水平: 已经掌握了植物材料和辅助材料的应用要点、主题表达的形式及材料创新应用等理论知识。 技能水平: 能够独立制作基本花型,能够正确使用花泥进行花材固定,能够应用植物材料进行主题表达。 认知习惯: 学生经过前几次课的学习,对基本花型的插制步骤和技能有所了解,对新知识的求知欲比较强烈,愿意通过实践操作、实践探究,但技术上缺乏精益求精的精神。			
教学目标	知识		1.说出花篮设计的基本要点及制作的技术要点。 2.知道花篮色彩配置要点。	
	技能		1.能够根据色彩配置要点设计花篮作品。 2.能够根据设计方案独立制作花篮作品。	
	素养		1.通过花篮设计的任务学习,强化尊重生命的意识,通过融入中国传统插花艺术手法展现民族文化。 2.通过花篮制作任务的学习,逐步树立质量意识。	
教学重点	掌握色彩配置的基本要点和花篮制作技法。			
教学难点	色彩配置在花篮设计制作的应用。			
教学方法	本课题采用任务驱动教学法,以庆祝中国共产党成立100周年庆典花篮设计制作任务为载体开展教学活动。			

续 表

教学方法	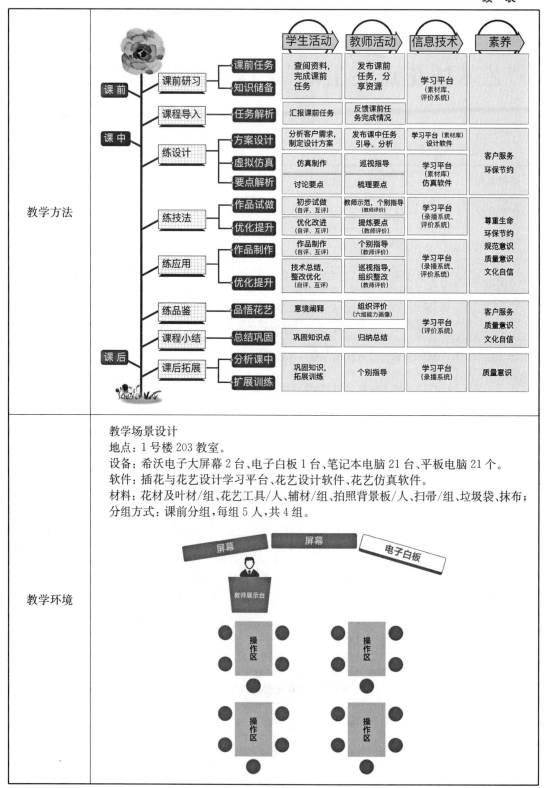
教学环境	教学场景设计 地点：1号楼203教室。 设备：希沃电子大屏幕2台、电子白板1台、笔记本电脑21台、平板电脑21个。 软件：插花与花艺设计学习平台、花艺设计软件、花艺仿真软件。 材料：花材及叶材/组、花艺工具/人、辅材/组、拍照背景板/人、扫帚/组、垃圾袋、抹布； 分组方式：课前分组，每组5人，共4组。

教学过程				
教学环节	教学内容	教师活动	学生活动	设计意图
课前研习	1. 接受任务：学生接受"搜集整理花篮制作流程"的任务。 2. 知识储备：查阅花篮设计方面的资料和制作流程。	在学习平台发布任务。	1. 接受任务。 2. 网上搜集花篮制作的相关资料，了解花篮的制作流程。	提前明确学习内容及要求，提高学习效率。
课程导入（5分钟）	花篮制作流程：花材及容器选择、花材整理、花泥固定、框架制作、主花插制、辅花插制、修饰补充、养护。	反馈课前任务完成情况。	学生小组代表汇报课前任务。	
练设计（20分钟）	1. 任务描述：学校周年庆典，制作单面观赏的扇形花篮，高度50 cm左右，花篮饱满、得体、大方、色彩丰富。 2. 应用花艺设计软件绘制设计草图优化方案，制定设计方案。 3. 根据制定好的制作方案利用仿真制作软件进行花篮作品的仿真制作并进行优化。 4. 提炼花篮设计的要点：花篮作品高度为篮器（高＋口径）*1.5倍；宽度为作品高度的1/3至2/3；厚度为作品高度的1/5至1/6。	1. 发布本次课任务，组织学生小组讨论，观察并参与学生讨论，适时给出建议。 2. 指导学生使用花艺设计软件绘制设计草图并优化。 3. 指导学生使用花艺仿真制作软件进行花篮仿真作品制作。 4. 组织学生讨论并根据系统评价引导学生进行仿真作品优化。 5. 提炼花篮设计的要点。	1. 听教师讲解任务并分析客户需求。 2. 分组讨论制定花篮的制作方案，运用花艺设计软件绘制方案草图并优化。 3. 运用仿真制作软件进行花篮仿真作品制作并优化。 4. 认真聆听教师的要点分析。	通过需求分析和制作方案的讨论及制定，引导学生自主探究，明析相关的设计要点和注意事项，引发学生思考，提升学习效果。 思政点：通过仿真作品制作，培养学生尊重生命和质量意识及花篮鉴赏的艺术审美情趣。 通过小组讨论、自主探究，引导学生自主发现花篮仿真中存在的问题并进行优化整改。
练技法（25分钟）	1. 试做花篮 选取小型花篮容器——试做基本扇形花篮。 提炼基本扇形花篮制作的技术要点： 固定花泥不动摇， 框架制作定造型， 焦点花聚焦过渡。 2. 优化试做作品。	1. 组织开展真花试做，巡视并进行个别指导，完成评价。 2. 通过学习平台评价分析学生作品。 3. 针对制作中出现的问题梳理花篮制作要点。 4. 教师选取典型作品通过实时录播系统进行示范操作。 5. 巡视指导并给出评价。	1. 练习花篮制作技法，拍照上传作品并进行自评、互评。 2. 工完场清。 3. 认真听教师讲解，分析原因。 4. 仔细观察教师示范操作。 5. 根据制作要点进行作品优化，再次拍照上传作品并进行自评、互评。	通过基本花篮的试做，梳理总结花篮制作的基本要点。通过教师提炼的要点，帮助学生记忆，提升职业能力。 思政点：让学生逐步树立质量意识、规范意识以及注重尊重生命等职业素养。

续 表

教学环节	教学内容	教师活动	学生活动	设计意图
练应用（30分钟）	1. 学生根据花篮仿真效果图，运用花篮制作技法制作作品。 2. 对完成的作品进行评价分析。 3. 提炼色彩配置要点：色彩和谐、位置均衡、色彩鲜明。 4. 对作品进行优化整改。	1. 巡视指导，完成评价。 2. 组织学生根据评价进行作品分析。 3. 梳理色彩配置要点。 4. 指导学生整改作品。 5. 教师评价，给出反馈。	1. 根据仿真效果图制作花篮，拍摄照片上传学习平台，完成自评互评。 2. 根据作品分析，思考整改对策。 3. 认真听老师讲解。 4. 作品整改优化，拍摄照片上传平台，完成自评、互评。	通过真实的作品制作锻炼学生动手操作能力。借助实时录播系统更有效地开展监控和个性化指导。 思政点：融入中国传统插花的技法，树立文化自信，同时培养学生尊重生命、环保节约、创新意识、质量意识和规范意识等职业素养、工匠精神。
练品鉴（8分钟）	1. 品悟花艺：品鉴作品，阐释作品意境的表达。 2. 总结评价：形成学生的六维能力画像。	1. 组织学生进行花语说明，阐释作品意境的表达； 2. 对学生的阐述进行点评并开展教师评价； 3. 对学生六维能力画像进行总结。	1. 分组分享一个优秀作品，进行花语解说，阐释作品意境的表达； 2. 进行自评、互评； 3. 查看个人的六维能力画像，明确今后努力的方向。	思政点：通过学生解说花语，提升审美情趣和对生活艺术的热爱。通过评分系统形成每个学生的六维能力画像，明确不足，为学生指明改进的方向。
课程小结（2分钟）	1. 总结花篮设计的基本要素及制作技法要点。 2. 总结色彩配置的基本要点。	教师进行课程小结，总结花篮设计的基本要素及制作技法要点、色彩配置的基本要点。	认真听教师的总结评价，巩固知识要点。	通过总结课程重点，固化知识和能力。
课后拓展	1. 分析课中：对上课内容进行回顾，巩固知识技能。 2. 拓展训练：学生利用花艺实训基地，课后巩固花篮制作技法，并尝试制作其他类型的花篮。	1. 课后指导； 2. 审阅学生报告并及时反馈； 3. 教学反思。	1. 对上课内容进行回顾，巩固知识技能。 2. 利用花艺实训基地，课后进行不断练习和训练； 3. 完成实训报告的撰写并提交。	通过课后回顾知识技能和课后技能训练，把学生的能力培养从课上延伸到课下，提升学习效果。
特色亮点	借鉴世赛训练方法，形成"四步"的教学策略。利用花艺素材资源库，促进学生学习能力提升；利用花艺仿真软件，促进学生花篮设计能力提升；利用实时录播系统，促进学生学习效率提升。着重培养学生尊重生命的意识，融入中国传统插花艺术手法，树立文化自信。			

续 表

教学环节	教 学 内 容	教 师 活 动	学 生 活 动	设 计 意 图
反思整改	1. 学生对色彩配置的应用还存在差异,未达到预期目标,在后续课程中通过反复的讲解和练习加以提高。 2. 花篮还有很多类型,本次课只讲述了常见的扇形花篮设计制作,课后可以借助学习平台,充实资源库学习资源,延伸教学空间。			